写给 老板的财务课

王长余 黎春华 —— 著

浙江人民出版社

图书在版编目（CIP）数据

写给老板的财务课 / 王长余, 黎春华著. — 杭州：
浙江人民出版社，2021.9
ISBN 978-7-213-10280-6

Ⅰ. ①写… Ⅱ. ①王… ②黎… Ⅲ. ①企业管理—
财务管理—基本知识 Ⅳ. ①F275

中国版本图书馆CIP数据核字（2021）第175011号

写给老板的财务课

王长余　黎春华　著

出版发行：浙江人民出版社（杭州市体育场路 347 号　邮编：310006）
　　　　　市场部电话：（0571）85061682　85176516
责任编辑：尚　婧　何英娇
营销编辑：陈雯怡　陈芊如　赵　娜
责任校对：戴文英　陈　春
责任印务：刘彭年
封面设计：智点江山（北京）文化有限公司
电脑制版：济南唐尧文化传播有限公司
印　　刷：杭州丰源印刷有限公司
开　　本：670 毫米 ×960 毫米　1/16　　印　　张：20
字　　数：263 千字　　　　　　　　　　插　　页：1
版　　次：2021 年 9 月第 1 版　　　　　印　　次：2021 年 9 月第 1 次印刷
书　　号：ISBN 978-7-213-10280-6
定　　价：78.00 元

如发现印装质量问题，影响阅读，请与市场部联系调换。

目　录

第一章
老板要树立财务思维

不懂财务可能"语言不通"

◈ 现实中企业管理者的"财务障碍"

作为企业老板，你有没有这种体会：几十万元的单子拿下来了，自己感觉明明挣钱了，可是一到会计手里，这单生意怎么就不挣钱反而还亏损了呢？很多老板经营企业多年，还看不懂财报！他们只是在企业的股东大会上听财务总监做财务报告。还有一些企业老板不愿意去了解企业的财务数据，甚至他们的企业根本没有财务报表。一些企业只有流水账，一到税务部门稽查时就装傻充愣。有时候企业老板因企业亏损而受到指责，却有口难辩，因为自己不懂财务，不懂预算，不懂税务，从而在一定程度上给自己造成了财务障碍。

企业老板大都出身于营销或技术领域，本身没有专业的财务知识，但企业规模一步步壮大，这就对老板的财务技能提出了要求。

企业老板可以不像专业财务工作者那样精通财务，但对起码的财务常识，如企业的资金什么时候快不够支出了、产品要生产多少才能维持企业生存、每天都有哪些成本、该缴多少税等，必须要有所了解。至于财务管理体系，可以交给专业的财务经理人去负责。

◈ 不懂财务，何谈做大

企业越大，层次越高，企业老板越需要懂得"管人"和"理财"。很多企业老板对财务知识都不甚了解，包括一些创业多年的企业老板，看不懂财务报表，靠感觉管理公司；不知如何统计财务数据以帮助企业发展做决策；不知如何避免税务风险，等等。一些个体企业，在创业初期，财务工作常由老板配偶或亲戚来做，结果导致企业难以发展壮大。因为老板不懂财务，给企业发展带来了许多问题，比如，有的老板因违法犯罪进了监狱，有的破产，有的资金链断裂，至于资金损失、财务漏洞、内部舞弊和腐败、低效、税收违法等问题就更常见了。

不要以为财务只是一个记记账、缴缴税的工作而已，财务是国际通用的商业语言，是企业老板必须掌握的重要技能。著名的麦肯锡咨询公司在研究中外企业的差异后认为，中国的企业老板与国际同行的最大差异在于财务素质和技能的差距，中国的企业老板需要加强的第一项能力就是卓越的财务能力。

稻盛和夫与他的经营哲学世人皆知，他在经营领域中独树一帜，还精通经营中的财务方法，并把这些方法传递给更多的经营者，使之受益。

稻盛和夫说，不懂财务就不能成为真正的经营者。如果把经营比喻成驾驶飞机，财务数据就相当于驾驶舱仪表盘上的数字，机长相当于经营者，仪表盘必须把时时刻刻变化着的飞机的高度、速度、姿势、方向等正确及时地告诉机长。如果没有仪表盘，就无法驾驶。可见，做好财务管理，对整个企业的发展都是至关重要的。

◎ 不懂财务，怎么知道钱去哪儿了

在世界 500 强企业中，很多企业都是由具有财务背景的人来做 CEO（首席执行官）的。阿里巴巴集团 CEO 张勇、前 CFO（首席财务官）蔡崇信，蚂蚁金服 CEO 井贤栋，华为第一任 CFO 纪平，新浪董事长兼 CEO 曹国伟，万科董事长郁亮，平安集团前 CEO 任汇川等都是财务科班出身,具备娴熟的财务管理技能。这些优秀的 CEO、CFO 往往会牢牢地掌握企业的经营数字。美国第一位亿万富豪约翰·洛克菲勒、耐克创始人菲尔·奈特的第一份工作都是会计师。细心的人会发现,无论是因为危机时出来救火,还是因为个人职位的升迁,由 CFO 接管 CEO 职位的例子比比皆是。

对中小企业来说,财务是企业的命脉;对大企业来说,财务不仅是命脉,更是管理的必要工具,不懂财务就很难管理好企业。很多企业老板知道财务很重要,便把财务交给自己最信得过的人负责,一般是自己的亲信。但这些人真的懂财务吗?真的能帮企业构建一套健康的财税体系吗?还是只是会记账?很多企业老板因为不懂财务,虽然一直都在生产,但他也不知道企业是否赚钱了;总感觉企业哪里出了问题,但又说不清问题出在哪个环节;一年结束了,来年应该怎么规划也毫无头绪,只能拍脑袋决定。

一家企业的财务工作并非记记账这么简单。很多企业做大了,企业老板也会发现财务上需要找专业人士来负责,可是花高薪请来的专业财务人员是否能够胜任,还是需要老板来衡量。因此,企业老板自己应该懂财务。只有这样,才能把控企业的财务管理方向,才能将企业的未来掌控在自己的手里。

无论是大企业,还是小公司,其底层商业逻辑是一样的,企业老板懂财务、通财务,才能对自己企业的实力、机会在哪,以及短板、问题在哪有清楚的认知。只有企业老板懂财务,才能通过财务数据工具,给企业做体检,从企业财报中及时发现问题,解决问题,才能实现从 100 万元到 1000 万元、从 1000 万元到 1 亿元的业绩倍增。

所以说,企业想做大,懂财务很重要,每个老板要先改变观念:自己懂财务,才能向财务要利润、要发展,让企业经营更有希望。

财务的独特性：成也财务，败也财务

◎ 企业的成功首先是财务的成功

企业在成立初期，往往很注重业务，有业务企业才能生存的观念被当作企业成立之初的发展口号。企业刚成立时规模不大，遇到的财务问题较少，简单的管理就能应付过来。有的企业老板在企业成立初期在财务部门只安排一个出纳、一个会计；还有的企业老板认为，只有通过完整的财务架构组织才能实现企业的财务管理。这两种观点都没有把握创业初期财务管理的特殊性和管理的不同重心。

创业初期，企业老板对出纳和会计的管理比较重要。出纳是管理现金和支票的，企业老板要管好现金和支票，就要先把出纳管好。管好现金要注意两方面：一是备用金要限制；二是要防止现金的坐支。只要把印章管好了，就把支票管好了，因为没有盖章的支票就是一张废票。

业务是企业发展的基础，但是企业不能把全部注意力都放在业务上，因为这样的企业只能用一条腿走路，跑不快。企业除了注重业务，更要注重各方面的管理，特别是财务管理，财务管理不好，企业就有可能崩溃瓦解。

随着企业的成长壮大，企业老板重视业务的想法已经不能适应企业的发展要求了，需要顺势转变思维，运用财务管理的指导思想来帮助企业解决进入下一个发展阶段所遇到的一系列财务问题。

◎ 老板的财务气质决定企业管理的成败

财务气质是一种领导气质、一种财务管理方式，代表着企业老板的"财质"和"财气"。它反映在企业老板的管理决策中，也反映在其所带领企业的财务制度中。很多老板忽视了自身内在的财务气质，忽视了财务气质对管理工作的影响。可以说，老板财务气质是决定企业成败的根本因素之一。

衡量企业老板的财务气质主要看两个方面：一是资源利用，二是价值增加。不论好坏，每个老板都有自己的财务气质，随着企业的发展，有些企业老板有了一定的积累和沉淀后，能够意识到自身的财务气质并善加利用，使其变为个人和企业的优点。然而，大部分老板还是无法意识到自身的财务气质，由此在经营管理过程中产生各种落差和失误，从而导致企业经营的失败。老板的财务气质直接决定着企业资源的利用程度和价值增加程度，而这两者又直接决定着一家企业的发展和存续。要培养企业老板的财务气质，除从资源利用和价值增加这两个方面入手外，还要注意一些影响财务气质的禁忌：

1.忌小看财务。很多老板看不懂财务报表，听不懂财务术语，不懂财务价值，不重视财务工作，更不重视财务人员，这样的老板，其财务气质无从谈起。

2.忌恶劣偷税。总想偷税漏税，偏离守法经营的正确轨道，这样的老板眼光不够长远，心胸也不够宽广。经营不合法，不可能把企业做大做强，更不用说基业长青。

3.忌不讲诚信。老板的人品差，企业很难做好、做大、做长久。另外，不讲诚信，依靠坑蒙拐骗，迟早会遇到法律问题。财务上各种内部、外部纠纷也会给企业带来干扰，直接影响企业的正常生产经营和管理秩序。

4. 忌不思进取。企业老板要高瞻远瞩、目光长远，对企业发展制订一个令人信服的合理规划，这样才能让员工有足够的动力与其一起努力。

5. 忌思维陈旧。企业核心竞争力的关键在于人，团队竞争力的关键在于领头人。互联网时代、大数据时代，变化发展太快，老板的思维要跟上，要及时转变陈旧的观念。

◎ 老板的财务风格要与企业合拍

在企业老板需具备的能力中，财务领导力最容易被忽视。一个老板的财务领导力，也是其个人的财务风格，直接影响着企业的成败。

企业老板的财务风格是天生的、内在的，对它进行研究的重要意义在于，可以借助外力或通过老板的自我调整，对财务风格进行修正，修正后如果老板的财务风格与企业的财务使命、战略目标相匹配，企业就更易取得成功；如果不匹配，那将会给企业带来灾难性的后果。

老板的财务风格分为三大类型九种风格：

（1）盈利型：掠夺者（"商业海盗"）、套利者、投机商；

（2）亏损型：重商主义者、交易商、大企业管理者；

（3）混乱型：平价商、批发商、风险投资商。

这九种财务风格在外力的作用下，有时可以按照一定的规律转换。尤其是成功的企业老板，在意识到自己的财务风格后，会主动进行自我修正，最后使自己的财务风格达到满足企业财务使命的要求。

每个老板都有自己的财务风格，无法衡量哪个更好，更不能说孰错孰对。例如，创维的稳健可能损失了跳跃式扩张的机会，却可以小富即安。TCL 的张扬是场冒险，赢了，则成为全球领先的彩电企业，让"创维们"望尘莫及；输了，则可能是几十亿元投资打了一个漂亮的"大水漂"。

所以，老板的财务风格没有最好的，只有最合适企业的。领导者的财务风格跟企业正好合拍，就会娴熟地驾驭企业和员工，带领团队一起发展；反之，则可能会导致企业走向失败。

◎ 思想有多远，就有可能走多远

在如今的市场环境中，企业不拼就会被淘汰。各大企业想要获得更大的影响力，提高自身的竞争力，就应当正确认识到财务管理的重要性。对任何企业来讲，财务管理都是一项十分重要的管理内容，财务管理工作的质量和效率，会给企业的整体经济效益造成很大的影响。因此，企业的经营管理者，只有结合时代的发展要求，具备良好的财务思维，将财务管理放在突出的位置上，才能够为企业在当下时代中的发展创造出更大的价值。

老板作为企业的经营管理者，在财务管理工作中往往存在一定的问题。如自身掌握的财务知识不够丰富、看不懂财务报表中的各项数据、不能做出正确的决策等，这些问题继而就会给企业的发展和正常经营造成不良的影响，只有对这些问题进行全面的认识与分析，才能够为企业的发展做好足够的准备。

思想有多远，就有可能走多远。财务思维对老板的领导力的实现极为关键。思维方式如何，能否辩证地看问题，是影响领导者行为的重要因素。没有清晰的思路，很难有正确的方法。同样一种现象，从不同的角度看，得到的结论就会不同；同样的行为和过程，赋予的目的不同，带来的结果也会完全不同。

因此，老板从创建企业的那一天起，就要开始思维的迭代，具备与时代相契合的财务思维，强化财务意识，提高对财务管理工作和相关理论、实践应用的基本认识。这些财务思维与知识，可以帮助老板站在财务管理的角度，对企业的发展状况和经营趋势进行分析，清楚地认识企业在经营过程中存在的各项风险，为企业未来的可持续发展制订更加具备可行性的规划。

树立财务思维，就是要从商业的角度来看问题、解决问题；不管在任何时候，都要让自己的思维和行为围着目的转，让思维和行为更好地为目的服务，并使之成为一种习惯。

"没有现金，企业就没有明天；没有利润，企业就没有未来。"企业老板要想带领企业在日益激烈的市场竞争中破浪前行，就要具备更开阔的视野和更全面的管理技能。如今，只有具备财务管理的思维与能力的管理者才能在市场竞争中如鱼得水。

老板是企业运营的核心人物，是完成董事会目标的设计者。一个优秀的企业老板，不仅要有出色的业务能力，还要具备强烈的财务管理意识和出色的财务管理能力。

现代财务管理的"五大核心命题"

◎ 信息：企业的神经系统

信息的获取是老板进行企业管理的主要难题之一。老板决策的问题是多方面的，一方面，需要财务部门按照国家的相关准则要求，出具法定财务报告；另一方面，要按照企业治理要求，出具财务管理报告。老板要能看懂财务语言，通过财务分析及时发现经营问题，以便制定企业的整体经营发展决策。

老板既要掌握企业现时的情况，使生产经营活动按照既定的目标与程序运行，又要规划企业未来的行动，对生产经营活动的发展趋势和状况进行估计、测算。企业的各种经营活动，都需要老板的计划和决策，其计划和决策的正确与否，对企业有着举足轻重的作用。

在所有的信息资源中，财务信息是企业进行计划和决策最主要的依据，这是因为财务信息具有系统性、有效性、可获得性等特征。财务系统需要全面地提供企业的财务状况和经营效果等信息，这就要求企业财务系统提供的信息要具有相关性、可靠性、及时性的特点。

企业财务系统提供的信息可分为财务信息和非财务信息两类。财务信息是指综合反映企业财务状况、经营成果以及财务状况变动情况的信息。如本年度的税前利润是 8000 万元、股东权益的税后报酬率为 12%、本年销售额上升了 15% 等，都是典型的财务信息。从内容上看，财务信息主要包括企业的经济资源、负债和所有者权益，企业的经营业绩与盈利，企业资产的变现能力及资金周转状况，企业产生现金的能力等。它们既可以是反映过去经济活动结果的财务信息，也可以是预测未来经济活动的财务信息；既可以是本企业的财务信息，也可以是其他企业的财务信息。

非财务信息指的是财务信息以外的信息。目前，企业的经济业务越来越复杂，不仅经营业务多元化，经营地区也开始全球化，因此决策的难度越来越高。老板要正确评价并判断企业的经营能力和经营风险，现行财务会计报表提供的财务信息远远不够，非财务信息的重要性日渐提升。如企业背景信息，包括企业经营范围和经营情况、产业结构对企业经营的影响、高级管理人员和股东的信息、管理层的计划及其风险分析等。

在老板的思维模式中，不能以简单的对错来判断事情，而需要用效益去衡量，去做博弈性质的决策。老板还需要具备较强的沟通能力，沟通企业内外。然而，人都是有自利性偏差的，在传达信息时，会不自觉地讲述对自己有利的部分，屏蔽不利的部分。因此，面对面的双向沟通，获得关键的第一手资料，是老板的核心工作内容之一。

一些老板将信息化网络比作企业经营发展的神经，将其作为现代财务信息管理体系中的重要组成部分。如今，现代企业信息化管理已经通过 ERP（企业资源计划）等软件实现互联互通，一些大型企业采用的 SAP ERP 软件，更是支撑了企业从财务部门到其他所有部门的灵活高效运转，为企业的财务部门及其他所有部门的数据分析及创新发展提供了参考。当然，这一切离不开财务知识和相关人才。

◎资金：企业的血液系统

资金好比企业的血液，现金流之于企业就像血液之于人一样重要，现金流越顺畅，企业就越健康，越能实现更加长久的经营。反之，纵使产品品质再好，服务再优秀，缺乏现金流作基础支撑，企业也是无法生存下去的。因此，老板必须时刻关注企业的现金流动向，牢牢把握企业的血脉。

要保持企业拥有的现金流，就需要给企业输血（融资），给企业各环节供血（经营、投资），通过经营和投资造血（赢利），最后合理献血（分配），同时，在经营过程中还要防止淤血（加快各类资产周转）。

企业销售货款是企业资金运营的主渠道，这部分资金的周转速度，或者说资金回笼的及时性和有效性，决定着企业的有效供血量，因此老板对此必须高度重视。

保持企业血液充足供给的办法无疑是"减少流出去"，并"积极流进来"。

一、减少流出去

企业要最大限度地留住现有资金，最有效的做法就是为企业制定合适的税务筹划方案，要学会四两拨千斤，把脉企业发展之路。

1. 充分发挥管理职能，合理控制成本，做好办公用品管理、车辆管理、后勤管理、会所管理等。

2. 优化营销管理模式，增进与客户的交流与合作，"会说话好办事"就是这个道理。

3. 延伸财务管理职能，促进管理提升。为有效控制成本，企业应全面推动预算管理，老板要结合实际，合理做好年度费用预算，财务部门应通报预算执行情况，及时纠正偏差，为管理策略调整提供信息支持。此外，还要合理控制费用支出，降低直接生产成本，提升产品竞争力。

二、积极流进来

企业要引入资本活水，善于寻求外部的资金助力，盘活资金链，更好地润泽企业蓬勃发展。

1. 转变思维，学会自救并有所作为。遇到危机时，企业可以在产业、产品、科技应用、市场营销、资本运营、企业管理结构等多方面进行转型思考，将人才作为企业发展的核心竞争力，最后赢得市场。

2. 内防风险，外建关系，弱化利益，重视责任，充分树立企业服务流程和客户接触点，设计出客户满意的高效服务流程，提高用户体验。

3. 增资借债，可考虑用现金借资、股票股利增资、发行新股票等形式，增加资金。比如，向商业银行、政策性银行借款，向其他机关、团体、个人借款，发行公司债、加速处理呆废料及闲置资产，减少固定资产投资及节省费用支出等。

◎ 利润：企业的生长系统

一家企业的生存和发展，离不开利润。企业的生存看现金流，企业的发展看利润，因为利润具有造血功能。企业只有具备很好的造血功能，才能逐步成长。要管好利润，首先要进行利润规划，从战略上做好选择。从一定意义上来说，利润是选择出来的，为什么有些行业暴利、有些行业微利，就是这个道理。一旦战略确立，在战术上，就要设法去增加收入、控制成本、增加利润。

利润的多少决定了企业能否持续快速健康地发展。利润始终是企业的命脉，离开利润谈其他，都是不现实的。因此，无论企业规模大小，在生存和发展中，都要时刻关注利润。

企业要长期生存发展下去，就需要一定的利润才能解决人工薪酬、技术更新、生产能力再提高、产品结构优化、企业形象和品牌提升等问题。如果企业现有的利润来源不稳定，即使年末的利润达到预期水平，仍会被股东认为企业经营者在管理中存在短视问题，企业获取未来利润缺乏后劲。这对一个有责任心的经营者来说，是很难接受的。所以，企业老板一定要对现有利润获取方式进行分析，确保企业剔除非正常收入来源后的利润仍然是稳定的。

企业最基本的利润来源是主营业务利润。而营业外收支净额是偶然的收入与支出，对利润的增加或减少的影响都是偶然的，所以营业外收支净额应从利润总额中剔除。

投资收益的稳定性是由投资的种类决定的，如果投资的是债券，其收益则比较稳定；如果投资的是股票，其收益可分为股息所得和资本增值所得两种。股息所得相对稳定，资本增值则与股票市场所处的阶段和走势密切相关，它不是可控性较强的稳定性收益。但这部分收入不能完全从利润总额中剔除，可以将其乘以一定的风险贴现率折合成相对稳定的收益，这个风险贴现率可以根据企业自身的历史投资收益水平计算得到。其他业务收支虽然不是企业的主营业务，但主要也是通过企业处理一些资产得到的。因此，如果其他业务利润不太大，对它就不必进行剔除处理；如果其他业务利润较大，就要进一步看它的来源；如果是变卖资产获得的收益，则应将这部分利润予以剔除，因为企业不可能连续地处理资产。

作为企业老板，一定要关注利润这一重要指标，保持企业的利润稳定。

◎ 风险：企业的免疫系统

企业越大，越应重视对风险的控制，因为一旦摔倒就不容易再爬起来。就如同人进入中年后，就应注意锻炼身体、增强体质一样。

风险控制就是建立企业的免疫系统，使企业能够健康可持续地发展。这里面的工作包括建立内控体系、实施财务预警、强化审计监督等工作。

人体必须建立健康的免疫系统，才能有效地抵御细菌和病毒的袭击，健康不易生病。企业也是一个整体，也会"生病"，想要无病一身轻，就需要强大的"免疫系统"，即建立全面风险管理体系。科学的企业风险管理体系，既可有效地减少风险发生带来的损失，又可避免对风险控制过度而失去发展或获利的机会。

现代企业风险管理发生了较大变化，即从财务风险管理扩大到全面风险管理，从分散管理风险管理发展到集中管理风险管理，从非连续管理风险管理转变为持续管理风险管理，风险管理策略和方法日趋完善，等等。

那么，企业发展过程中会遇到哪些风险？应该如何增强企业的免疫系统？

一、企业风险的分类

企业风险的分类可以按照不同的标准来进行，为便于了解这些风险类型，我们以表格形式将其归类，以便有针对性地采取管理措施。如表1-1所示：

表1-1 企业风险的类型

分类标准	企业风险类型
按风险构成内容分类	政策风险、战略风险、市场风险、运营风险、技术风险、安全风险、人力资源风险、财务风险和法律风险等

分类标准	企业风险类型
按风险对目标的影响程度分类	纯粹风险和投机风险—— 纯粹风险是指能带来损失而无获利可能的风险（如自然灾害、战争、火灾和违法经营等风险）； 投机风险是指既存在损失可能性又具有获利机会的风险（如证券投资、银行贷款、新产品开发等风险）
按风险来源和可控性分类	自生性风险、他生性风险、天生性风险和地生性风险—— 自生性风险是指企业内部人为形成，但企业可以控制的风险（如决策失误、人才流失、责任事故等风险）； 他生性风险是指由他人引发的、企业无法控制其发生，但对风险引发后的结果具有一定可控性的风险（如供应商停止供货、顾客投诉、新技术替代等风险）； 天生性风险是指由于环境因素变化引发的，且企业无法预测和控制的系统风险（如政策调整、经济危机、自然灾害、公共事件等风险）； 地生性风险是指由企业自身引发，在风险发生后，企业对事态的发展和损失难以控制的风险（如生产伪劣商品、非法集资等风险）
按风险损失的后果分类	人身风险（人身伤亡的风险）； 财产风险（如投资损失、产品报废、企业破产等风险）； 责任风险（如承担经济、行政和刑事责任的风险）； 信用风险（如企业丧失品牌信用、质量信用和银行信用等风险）

二、企业风险管理的组织

企业风险管理的组织需要考虑三个方面：

1. 风险管理组织机构。企业应建立健全风险管理组织机构，主要包括规范的公司法人治理结构、风险管理职能部门、内部审计部门、法律事务部门、其他有关职能部门、业务单位的组织领导机构等。

2. 风险管理信息系统。企业应建立覆盖风险管理基本流程和内部控制系统各环节的风险管理信息系统，包括信息的采集、存储、加工、分析、测试、传递、报告、披露等。

3. 风险管理文化。企业应注重建立具有风险意识的企业文化，提高企业风险管理水平，提升员工风险管理素质，保障企业风险管理目标的实现。

◎ 资本：企业的繁育系统

所谓资本，是企业用于获取利润的本金或财产。有了资本，才能实现增值。

企业发展到一定阶段后，都会用两条腿走路，一条腿是资产经营，一条腿是资本经营。资本经营包括借助资本市场融资（如引入外部投资者、上市等），也包括借助资本市场投资（如并购重组、金融投资等）。资本经营就如同给企业插上翅膀，可以使企业繁殖得更快，飞得更高。

企业的经营过程就是价值创造的过程。这种价值创造的表现形式，就是资金→资本→资金（增值）的循环。这个循环不断顺利进行，使企业得以健康发展。该循环的目的是赢利，它的不断扩充意味着企业的成长，而这个成长与循环的目的是有矛盾的，这就需要赢利与成长的平衡。

对企业本身来说，满足客户需求的产品或服务只是小产品，其主要目的是赚钱，而企业本身才是大产品，只有让企业值钱才是正道。企业发展依靠自身利润的积累是一种渐进式发展方式，要做强做大得依靠资本运作来完成。

资本投入的目的是为了增值。资本的本质就是追逐利润。投资的动力在于资本能够带来更多的资本，能够实现盈利、实现增值。股东愿意给企业投资，就是因为他们需要得到更多的利润，甚至这个增值要大于资本的成本。

企业投入资本后，会获得持续的回报。举个简单的小例子，假如你投资 1000 万元给一家企业，该企业的年资金回报率是 20%，这家企业是否值得投资？当然值得！

那我们再加一个条件，企业当年的资金回报率仍然是20%，但是逐年下降5%，你还会投资吗？显然，这时你必须要考虑了。因为虽然当年的利润高，但是企业的赢利水平持续下降，当五年之后企业陷入亏损时，你的投资成本都还没有完全回收，这就存在着很大的风险。

当股东把资金投入企业时，特别是对一些大型企业或项目进行投资时，他们不仅仅考虑企业或项目当年的赢利水平，还会要求以后年度也能有一个持续稳定的资金回报。否则，他们的投资风险就会增大，这会大大影响股东投资的积极性。

企业老板可通过股东权益比率及产权比率，或者负债比率及带息负债比率等资本结构指标来判断企业是否存在债务危机，了解企业的经营发展状况，最大限度地利用企业当前的净资产规模，在合适的生产或者经营规模下推动资本杠杆的运用，确保企业净资产收益的最大化。

财务管理的三个阶段

老板在进行财务管理时，要经历三个阶段，即看懂财务报表、进行财务分析、实施精准财务管理，如图 1–1 所示。下面我们依次来介绍这三个阶段。

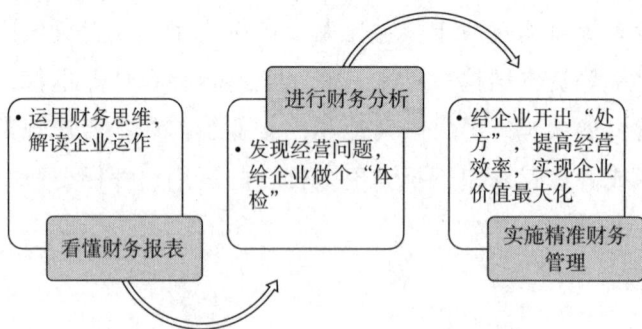

图 1–1　财务管理的三个阶段

◈ 看懂财务报表

如今，在统一的《企业会计准则》下编制的财务报表已成为真正通行世界的语言，只需三张表，老板就能读懂企业的秘密。这三张表就是——资产负债表、利润表、现金流量表，它们是企业财务报表的主体部分。此外，完整的财务报表还包括所有者权益变动表（或股东权益变动表）和财务报表附注。

资产负债表反映了企业资产、负债及资本的期末状况，以及企业的长期偿债能力、短期偿债能力和利润分配能力等。

利润表（或称损益表）反映了本期企业收入、费用和应该记入当期利润的利得与损失的金额与结构情况。

现金流量表反映了企业现金流量的来龙去脉，当中分为经营活动、投资活动及筹资活动三部分。

所有者权益变动表反映了本期企业所有者权益（股东权益）总量的增减变动情况、结构变动情况，尤其是直接记入所有者权益的利得和损失。

财务报表有利于投资者、债权人和其他有关各方掌握企业的财务状况、经营成果和现金流量情况，进而分析企业的盈利能力、偿债能力、投资收益、发展前景等，为其投资、贷款和贸易提供决策依据。同时，财务报表还有利于财政、税务、工商、审计等部门监督企业经营管理，通过财务报表可以检查、监督各企业是否遵守国家的各项法律、法规和制度，有无偷税漏税的行为。

老板可以从六个方面来看财务报表，以发现问题或做出判断：

1.看利润表。对比今年收入与去年收入的增长是否在合理的范围内。如果通过看利润表发现今年的收入比去年的增加了几百个百分点，这就是不可信的，问题非常明显。

2.看企业的坏账准备。有些企业的产品销售出去，而款项收不回来，但它在账面上不计提或提取不足，这样的收入和利润就是不实的。

3.看长期投资是否正常。有些企业在主营业务之外会有一些其他投资，看这种投资是否与其主营业务相关联，如果不相关联，这种投资的风险就很大。

4.看其他应收款是否清晰。有些企业的资产负债表上的其他应收款很乱，许多陈年老账都放在里面，其中有很多是收不回来的。

5.看是否有关联交易，尤其要注意年中大股东向上市公司借钱，到年底再利用银行借款还钱，从而在年底报表上无法体现大股东借款的做法。

6.看现金流量表是否能正常地反映资金的流向，注意今后现金注入和流出的原因和事项。

一整套财务报表是会计处理过程的最终成果。简单说来，现金流量表能告诉我们企业的完整活动，即企业的经营情况、投资情况和筹资情况；利润表能告诉我们企业当期经营周期内的情况；资产负债表能告诉我们企业未结束的交易的情况。每张报表都与特定的时点相关，或者与一定期间，比如一年的经济业务相关。这套报表从财务的角度勾画了企业的面貌。

◎ 进行财务分析

看懂了财务报表后，不能仅知其一，不知其二，老板还要学会分析财务报表，给企业做"体检"，从财务报表中了解企业的财务状况和经营成果，判断企业的财务风险，分析企业经营中存在的问题，从而对症下药。

分析财务报表最大的难点是无法辨识财务数据的真假，财务数据中往往真相里有假象，假象里也有真相，老板如果读懂了数字背后的真相与假象，才称得上真正读懂了财务报表。

数据有时候是会骗人的，老板不能完全相信统计数据。如何看懂企业财务报表的真相与假象，可以总结为以下三点：

1.分析财务报表时，不能只看大概，比如收入、利润、总资产、总负债、净现金流量等，必须要结合具体的小项进行分析和判断，这样才能不被表面的数据假象欺骗。

2.财务报表的假象并非都是企业故意造假而产生的，即使是严格按照企业会计准则做账，也会出现假象，这就需要具备分析假象、识别真相的能力。

3. 分析财务报表有时候并非一定能找到明确的答案，重要的是我们要具备分析数据、分析问题的思路，能够根据财务数据发现专业的、深度的、有价值的问题。

在分析外单位的财务报表时，由于对被分析企业的真实情况了解有限，很难透彻了解财务报表数据中反映出来的问题的深层原因。比如，某公司的财务报表上出现巨额营业外收入，这个营业外收入究竟是什么？如果我们看不到报表附注，看不到任何披露此信息的解释，也无法通过向该公司的有关人员询问得知，那我们就不可能知道这个营业外收入来自哪里。因此，看报表附注也很重要。

❀ 实施精准财务管理

通过企业的财务数据，老板可以看出企业的经营状况是否良好。

通过对财务报表的分析，老板要给企业开出"处方"，针对资金运动流程对各环节财务管理的核心和重点实施精准财务管理，尤其是资产管理、投融资决策、成本控制等关键问题。了解内部控制基本规范，建立健全企业的内部控制制度，通过内部控制管理，确保企业财务目标的实现。

精准确凿的财务数据是企业制订远景发展规划的重要参考依据，如果财务数据不准确，出入较大，那么规划内容也将偏离企业发展轨迹。比如，如果目标设定过大，以企业现有的经营规模、人力资源、财力水平根本无法实现，目标也将成为一纸空文；如果目标设定过小，企业经营者与全体员工就会有懈怠感，失去前行动力，进而对企业的长远发展产生不利影响。因此，财务数据精准化作为财务管理精细化的一项重要内容，企业老板一定要予以高度重视。

老板做好财务的管理与核算不只是企业的一项日常工作，更是对企业未来发展规划有着指导性意义的重要工作。财务数据具有指导价值的前提是数据要精准，而精准的基本前提是数据的全面采集与实时分析。

企业老板要对未来做出准确的判断，首先要精准地了解到企业当前的经营情况。数据分析要做到精准，首先要保证数据的准确性和时效性。因此，财务人员是否及时将数据录入系统，将直接影响到企业财务数据的分析利用价值。

"精准"是财务工作的重要标准，财务工作如有一丝一毫的差错，都会给单位和集体带来巨大的损失。在日常工作中，财务人员处理一笔业务都是看了又看、审了又审，严格按财务制度的有关规定处理账务。在日常处理账务的过程中，要将单据和票据仔细审查，将每一笔收入、支出，每一个数字，每一个小数点都审查得仔仔细细，直到发现无任何差错才将其装订成册。在对账的过程中也要做到认真、细致，严格按财务有关要求进行。而作为企业老板，不能因为自己不在财务岗位上，就对财务报表上的数字一眼带过，也要学会精准财务管理，从各个数据间发现企业的财务差错，找出其背后原因，从而做出更有利于整个企业发展的经营决策。

老板要树立财务思维，引领企业价值最大化

◎ 老板的财务思维对企业管理的影响

在企业整体运营中，只有全方位利用财务思维才能提升利润、加快周转、改善资本结构，因此，老板要学会树立财务思维。

随着社会形势的变化，老板自身的思维方式也可能发生很大的变化。在进行企业管理时，老板自身的财务思维往往使其在财务管理工作当中存在一定的问题。这些问题会给企业的正常经营、发展造成不同的影响，只有对这些问题进行全面的认识与分析，才能够为企业的发展做好足够的准备。

我们将最常见的问题归纳为以下几点：

1. 老板对财务管理的重要性有所忽视，认识不够全面，往往只看到财务管理工作的账务记录、账务核算，未重视财务管理的分析工作。

2. 对财务知识的掌握不够丰富，无法认识财务管理的重要性，也不能够看懂财务分析报表中的各项数据，误将财务管理等同于财务部门管理。

鉴于此，首先，老板要不断改善自身的财务理念，转变思维方式，全面认识企业的经营管理工作，为财务管理工作效率的提升做好准备。老板必须具备与时代相契合的财务思维，强化经营者的财务意识，运用财务思维与财务知识，站在财务管理的角度，对企业发展状况和经营趋势进行分析，为企业的可持续发展制订可行性更

高的规划。

其次，老板要提高自身的财务能力。要对企业进行更好的管理，老板就应当不断提高自身的财务能力。只有不断学习财务知识，才能理解财务数据背后的意义，及时掌握经营管理中存在的各项问题和风险，并对财务数据进行分析应用，制订科学准确的发展计划和经营策略。

再次，老板要强化财务意识，提升企业经营管理效率。只有老板具备了足够的财务意识，并与财务管理工作和财务人员共同进步，才会在经营管理时，鼓励各个部门之间进行合作，为财务管理工作的展开做好各项准备，并在财务思维的指引下，共同促进企业的发展、经济效率的提升。

总之，老板要及时掌握和了解企业的发展状况，在财务思维的引导下，提高自身的财务能力，凭借财务管理的各项数据信息，实现对企业整体发展经营更好的管理。

◎ 用财务思维打通企业经营与管理的路径

决策者养成的财务思维方式将会影响其经营决策。具有财务思维的老板对财务数据的异常变动有着足够的敏感，能迅速发现数字异常产生的原因及可能导致的后果。

一、基本思想

1. 决策者具备了财务知识和报表分析能力，在制定企业发展战略中必然会将其自觉运用到"强调财务的结果——企业利润"上。

2. 要想达到利润最大化，在不断扩大市场、增加收入的同时，也要加强费用的管控，形成"事前预算、事中控制、事后分析"的费用管控新思路。

3. 老板做出经营决策时要更多地应用整体性、联系性的思考和思维方式，避免孤立地、片面地关注某一个或几个指标。

4.老板运用财务思维进行决策，可以助力企业建立符合自身发展的合规管理制度，帮助企业规避经营风险，加快推进提升依法合规经营管理水平，保障企业持续健康发展。

经营企业要平衡收益和代价，所有的企业经营行为应该沿着这个主轴走。所以，经营管理其实是一种表现，财务思维则是其重要的支撑力之一。

二、五大概念

有了这样一个基本思想，老板还要理清楚五大概念，即资产、销售额、利润、现金和股东收益。很多人对这五个概念都比较熟悉，但是如何将它们贯穿起来，活学活用，则更加重要。

1.资产。资产背后是成本，包括固定资产和流动资产。企业要尽量扩大流动资产，因为流动资产是存货和应收账款，它对整个营业收入的贡献更直接；企业应尽可能减少固定资产，很多企业购买很多固定资产，这些固定资产往往会变成闲置资产，最后成为企业的巨大负担。

2.销售额。所有的销售额其实都是企业的外部能力和内部能力相结合的成果。外部能力是市场的需求能力，内部能力是企业的支撑能力或促进能力。所以，企业的投入不能太大。通过其所在的行业，我们一般就能大概判断出企业的营业额是多少，因为销售额跟市场容量是联系在一起的。

3.利润。利润是由收入减去支出得来的，利润的获取有它的前提条件。企业的收入反映了老板的外部能力，企业的支出反映了老板的管理能力。利润值的高低，首先取决于企业的收入多少，其次取决于企业花钱的效率。同行业中的不同企业利润相差较大，与其背后的管理有关。

4.现金。很多老板不太重视现金的问题，导致企业有收入没利润，有利润没现金。企业一定要控制住现金流。有些企业控制不住现金流，主要原因是经营失控。老板要把现金流与整个经营活动联系起来。对于现金流来说，还有一个预判过程，计划性差的企业往往会出现现金流断流的状况。企业计划差跟企业管理差有关，管理差跟老板的意识落后有关。

5. 股东收益。股东收益一般用股东回报率来判断。一些轻资产企业在股市上受欢迎，很大程度上是因为其股东回报率高。真正支撑企业市值、股价的，其实往往就是股东收益。

◎ 财务思维引领企业价值最大化

在优秀企业中，企业老板会深度参与业务经营，从长期发展来看，这对企业大有裨益。这就要求企业老板建立起财务思维，提升全局意识，加深对业务的理解，为企业价值提升做出贡献。

企业的经营过程实际上就是企业所占用的资金在各种形态下的不断转化，最终达到增值目的的过程。财务思维作为财务和业务的黏合剂，贯穿从商业模式选择到战略制定再到经营管理的全过程，它让企业的各种业务活动紧密围绕"创造价值"的主题进行。财务人员、非财务人员都需要建立财务思维，站在财务视角思考问题，用财务的逻辑理解业务活动，从而能够洞悉企业的未来。

那么，企业该如何运用财务思维，解构整体的价值创造过程，实现全部业务环节的跟踪与处理，从而升级商业模式、强化战略管理及提高运营效率，引领企业价值的最大化呢？

一、财务思维：围绕价值创造，融合财务与业务

在老板眼中，企业的各种交易和经济活动只有三类——经营、投资和融资。企业的所有经济活动都是在不断重复"从现金到现金"的过程。因此，老板需要通过这个循环将业务的流转、资金的流转、信息的流转整合起来，把财务数据还原成业务活动，站在财务视角思考问题。

老板应该从两个层次建立财务思维，理解财务语言，以便更好地了解企业经济活动的全貌，洞悉企业的未来。

第一个层次：从业务出发看财务表现。在宏观层面上，企业业务活动包括商业模式选择、战略制定以及经营管理；在日常经营层面上，业务活动可被分成销售、采购、生产、付薪、投资与融资五大业务循环。不管是宏观业务活动还是日常业务活动，每个环节都会在财务上有所表现，并影响到财务数据。

第二个层次：用财务逻辑看业务问题。财务思维强调关注每项工作之间的联系，将所有业务整合起来，把握每个环节对企业整体价值创造的作用。因此，在了解财务表现之后，可以围绕这一根本目标，对照既定的企业愿景，及时发现业务活动中存在的问题和不足，从而进一步处理和改善。

二、财务职能：面向数字未来，发挥多元作用

生产成本逐年上升，企业的生存空间不断缩窄，难以预料的新兴商业模式不断出现……面向未来，企业需要以数字化为抓手，提升管理效率，培养竞争优势。财务在这个过程中的作用将越来越凸显。

1. 财务管理面临转型升级。随着财务领域的技术应用蓬勃发展，加上越来越多企业的数字化转型和价值增长需求，财务管理者需要看到未来的转型趋势和职能变化，从而使财务管理发挥出更多元且全面的作用，以应对越来越多的挑战和不确定性。

新技术催生财务管理新使命。新技术会带来财务人员结构的变化，从事重复性工作的人员比例会有所下降，部分会被机器替代。财务管理的使命也会随之改变：从以前只关注报表的结果到重视过程，从规范制度到重视发现和决策支持，从聚焦内部管控到统筹战略执行，从书写历史到塑造未来……总之，财务管理将更加注重外部沟通、业务发展、融资战略、数字决策，从而为企业发展目标的落地发挥协同作用。

2.数字时代呼唤老板的能力升级。老板在企业数字化转型过程中扮演着重要角色。在这里，我们对老板的能力升级提出四点建议。

其一，要看到未来财务角色的变化。优秀的老板会更多地参与到企业的财务决策和资本运营中，成为实现企业战略和投资人价值最大化的重要角色。

其二，要建立数据战略思维。财务部门是唯一能够全盘吸取所有数据的部门，业务数据、生产数据等都可通过中台技术应用于财务系统中。老板站在这个重要起点，要有效整合更多层面的数据，并结合企业战略，发掘有价值的数据，对数据做战略性的规划使用。

其三，要培养数据分析能力。老板对企业的运营状况有着清晰的认识，最适合成为企业分析力和洞察力的源泉。老板应将提升数据分析能力和加强对业务的支持当作重要议程，以更好地支持企业战略决策。

其四，要深化智能技术在财务中的应用。老板要将数据驱动的AI应用全面融入财务管理工作。例如，财务机器人的自动对账、智能报告，以大数据为基础的智能决策和风险内控等典型场景。

第二章
老板要理解企业经营的财务逻辑

一般企业的经济循环图

◎ 经营活动就是一个从现金到现金的循环

我们知道，投资和融资活动是一个从现金到现金的过程，但是它们循环一周往往需要若干年，且没有特别明确的含义。而对企业的经营活动来说，从现金到现金的循环则是一个非常鲜活地描述企业经营状况的信息来源。如图 2-1 所示：

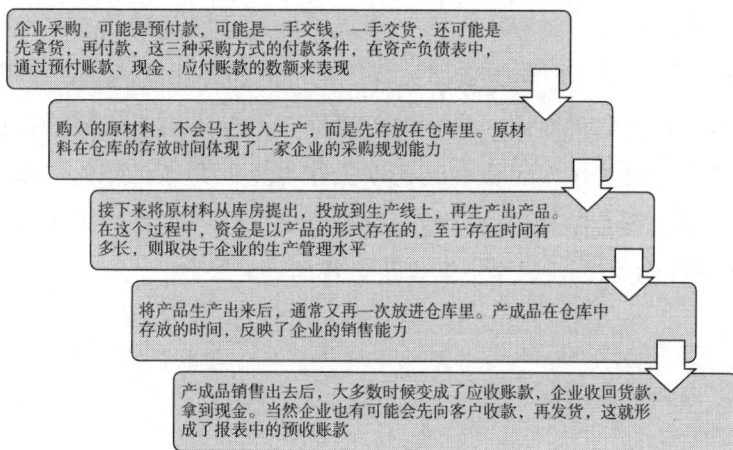

企业采购，可能是预付款，可能是一手交钱，一手交货，还可能是先拿货，再付款，这三种采购方式的付款条件，在资产负债表中，通过预付账款、现金、应付账款的数额来表现

购入的原材料，不会马上投入生产，而是先存放在仓库里。原材料在仓库的存放时间体现了一家企业的采购规划能力

接下来将原材料从库房提出，投放到生产线上，再生产出产品。在这个过程中，资金是以产品的形式存在的，至于存在时间有多长，则取决于企业的生产管理水平

将产品生产出来后，通常又再一次放进仓库里。产成品在仓库中存放的时间，反映了企业的销售能力

产成品销售出去后，大多数时候变成了应收账款，企业收回货款，拿回现金。当然企业也有可能会先向客户收款，再发货，这就形成了报表中的预收账款

图 2-1　企业的经营活动

上图中的整个过程，在资产负债表中都有记录。

采购过程的付款条件体现在应付账款和预付账款上；采购成果是否合理，体现在原材料的存放周期上；原材料变成产成品的过程中会产生在产品，在产品的周期体现了企业的生产效率；生产出的产成品在出售前存放在库房中，存放时间的长短体现了企业的销售能力；销售之后变成了应收款，它的回款周期体现了企业的应收款管理能力。从付钱采购，到最后收回应收款变成现金，就是一个企业的日常运营过程，即从现金到现金的一个完整循环。

以上的整个过程，我们都可以通过对应的资产、负债项目的周转率，清楚地计算出整个企业的一个现金循环所需的平均天数，用应付、预付款项的周转率来反映付款周期，用原材料的周转率来反映原材料的平均存放周期，用在产品的周转率来反映平均生产周期，用产成品的周转率来反映产成品的存放周期，用应收账款的周转率来反映平均收款周期。将以上这些周期加在一起，就是企业在日常运营中完成一个从现金到现金的循环所需要的具体时间。

由此可见，财务数据可以反映企业运营的全貌，甚至具体到每一个细小的业务，企业中任何一个部门的运营状况和效率，都可以从财务数据中看出。财务数据的背后是鲜活的企业具体业务，因此，人人都要了解财务知识，具备财务思维。财务思维不仅需要我们关注眼前的某项工作，还要看到这项工作与企业其他工作的关系，甚至要了解这项工作对企业整体运营的意义。财务思维给了我们一个俯瞰企业的视角、认识企业和经济运行的战略眼光。

❀ 两大资金来源

对企业来说，其资产形成的资金来源不外乎两个群体：一是债权人，二是所有者。债权人对企业资产的要求权形成企业的负债，所有者对企业资产的要求权形成企业的所有者权益。因此，《企业财务通则》和《企业会计准则》按照"资产＝负债＋所有者权益"的平衡公式，将企业资金来源划分为所有者权益和负债两大类。

一、所有者权益

所有者权益是企业所有者对企业净资产享有的经济利益，是所有者对企业资产的剩余索取权，它是企业资产中扣除债权人权益后应由所有者享有的部分，既可反映所有者投入资本的保值增值情况，又可体现保护债权人权益的理念。

具体来讲，所有者权益包括企业投资人对企业的投入资本即实收资本（又称股东权益）以及形成的资本公积、盈余公积和未分配利润四个方面。

实收资本和资本公积是由所有者直接投入的，如所有者的投入资本、资本溢价等；而盈余公积和未分配利润则是企业在生产经营过程中实现的利润留存在企业形成的，因此，盈余公积和未分配利润又被称为留存收益。

1. 实收资本。实收资本是指投资者按照企业章程或合同、协议的约定，实际投入企业的资本，包括投资者投入的现金资本和非现金资本。

2. 资本公积。资本公积是指企业由投入资本本身所引起的各种增值，包括资本（或股本）溢价、直接计入所有者权益的利得和损失等。资本公积主要用于转增资本。

3. 盈余公积。盈余公积是指企业按照国家规定，从税后利润中提取的各种积累，包括法定盈余公积、任意盈余公积。

4. 未分配利润。未分配利润是指企业留待以后年度分配的利润。

二、负债

负债是企业所承担的能以货币计量、需以资产或劳务偿付的债务，分为流动负债和长期负债。

流动负债是指可以在一年内或者超过一年的一个营业周期内偿还的债务，包括短期借款、应付票据、应付账款、预收货款、应付工资、应缴税金、应付利润、其他应付款、预提费用等。流动负债除了负债的各种特征以外，还具有如下特点：

1. 偿还期限。需在债权人提出要求时即期偿付，一年内或一个营业周期内必须偿付。

2. 用于企业的流动资产或流动负债清偿。负债按其偿还期限的长短区分为流动和长期，目的是通过了解企业流动资产和流动负债的相对比例，了解企业的短期偿债能力；通过对可用于支付的流动资产与近期需支付的流动负债的比例，了解企业的清算能力。

长期负债是指偿还期限在一年或超过一年的一个营业周期以上的债务，它是除投资人投入企业的资本以外，企业向债权人筹集可供企业长期使用的资金，一般可分为长期借款、应付长期债券和长期应付款三大类。企业举借长期借款有两种考虑：一是拓展经营规模需要增加长期耐用的各种固定资产，如增添大型机械设备、增建或扩建厂房等。这些都需要企业投入大量的长期占用资金，而现时拥有的生产经营资金无法满足这种需要，若等待用企业内部的资本积累再去购置，可能会丧失企业发展的有利时机。二是举借长期借款可以为投资人带来获利的机会。

和流动负债相比，长期负债具有数额较大、偿还期限较长的特点，且对投资者来说可带来更大的利益。但长期借款的利息是企业根据合同必须承担的一种长期性的固定支出。如果企业经营不善，市场情况逆转，发展不是很顺利，这笔利息费用会成为财务的沉重负担。

此外，还有结算形成的负债，主要有应付账款、应付职工薪酬、应缴税费等。

◎ 两大资金运用

一、负债的运用

企业筹集债务资本的工具主要有银行借款、发行企业债券或资本租赁等自觉性融资方式。企业在正常生产经营过程中还会产生大量的自发性资金来源，如应付账款、预收账款、应付职工薪酬、应缴税费等。

企业通常通过设置"短期借款""长期借款""财务费用"等账户来核算企业通过银行借款方式取得的资金。

"短期借款"账户用于核算企业从银行实际取得和归还的短期借款本金，账户的性质为负债类。

长期借款是指企业向银行或其他金融机构借入的、偿还期限超过一年的各种借款。该账户属于负债性质，包括贷方登记借入的长期借款本金及应计利息；借方登记归还的本金及利息；期末余额在贷方，反映尚未归还的借款本金及利息。

"财务费用"账户用于核算企业取得借款的利息，为损益类账户。

一般来说，"短期借款"账户只核算企业从银行或金融机构借入的短期资金本金，期末贷方余额反映企业尚未偿还的短期借款本金。企业取得一项短期借款时，借记"银行存款"等账户，贷记"短期借款"账户；企业偿还一项短期借款时，借记"短期借款"等账户，贷记"银行存款"账户。取得短期借款的利息，通常应当按照合同规定于每个季度末根据借款本金和合同利率确定的金额支付。根据权责发生制的要求，企业还应当在每个月末计提借款利息，将应付未付的利息确认为一项流动负债，计入应付利息，同时确认当期损益。企业应于短期借款到期日偿还短期借款的本金以及尚未支付的利息，借记"短期借款""应付利息""财务费用"等账户，贷记"银行存款"账户。

企业取得长期借款，必须按照规定的程序进行，一般要经过申请、审批、签订合同和划拨款项四个步骤。长期借款应按合同规定支付利息。长期借款合同按付息方式主要分为分期付息到期还本、分期偿还本息和到期一次还本付息三种。

长期借款的利息费用应根据权责发生制的要求按期预提。对长期借款用于所购建的长期工程项目完工之前发生的利息，在符合资本化条件的前提下，应予以资本化计入所购建的资产的成本，借记"在建工程"等账户；在工程完工达到预定可使用状态之后产生的利息支出应停止借款利息资本化，而予以费用化直接计入当期损益，借记"财务费用"等账户。

企业取得长期借款时，应借记"银行存款"账户，贷记"长期借款"账户；计算到期一次还本付息的利息时，应借记"在建工程""财务费用"等账户，贷记"长期借款"账户；计算分期付息到期还本的利息，应贷记"应付利息"账户；偿还借款、支付利息时应借记"长期借款"账户，贷记"银行存款"账户。

二、所有者权益的运用

企业常需设置"实收资本""股本""资本公积""盈余公积""利润分配"等账户来核算企业所有者权益。

企业应设置"实收资本"账户，用来核算企业投资者投入资本，其性质属于所有者权益类，贷方登记企业收到的投资者投入归属于该投资者权益部分的资本。该账户一般没有借方发生额，期末余额表示企业实收资本总额。

股份有限公司应设置"股本"账户，用来核算企业股东投入资本，属于所有者权益，贷方登记企业收到股东购入股票的面值。一般无借方发生额，期末余额表示企业股本总额。

资本公积是企业收到的投资者超出其在企业注册资本（或股本）中所占份额的投资。企业应设置"资本公积"账户，其性质属于所有者权益，贷方登记企业收到的投资者超出其在企业注册资本（或股本）中所占份额的投资，借方登记资本公积减少（资本溢价转增资本或其他资本公积转资本溢价）。期末余额反映企业资本公积余额。

为了反映盈余公积的形成及使用情况，企业应设置"盈余公积"账户，它属于所有者权益类账户，贷方登记企业提取的盈余公积，借方登记企业使用的盈余公积。期末余额表示盈余公积结存额。

1. 投入资本。

（1）这里所说的一般企业，是指除股份有限公司以外的企业，如国有企业、有限责任公司和外商投资企业等。投资者投入资本的形式可以有多种，如现金投资、实物资产投资、无形资产投资。企业收到现金投入的资本时，应以实际收到的或存入企业开户银行的金额作为实收资本入账，借记"银行存款"账户，贷记"实收资本"账户。对实收或存入企业开户银行的金额超过投资者在企业注册资本中所占份额的部分，应计入资本公积。

（2）股份有限公司投入资本。股份有限公司与一般企业相比，其显著特点在于将企业资本划分为等额股份，并通过发行股票的方式来筹集资本。股票的发行价格受发行时资本市场的需求和投资人对企业获利能力的估计的影响，发行股票的价格往往与股票的面值不一致。在发行时，记入"股本"账户的金额必须按照股票的票面金额入账，超过部分作为股票溢价，记入"资本公积—股本溢价"账户。

除了所有者投入形成实收资本或股本，企业还将资本公积转为实收资本或股本。盈余公积转为实收资本或股本、股份有限公司发放股票股利、可转换公司债券持有人行使转换权利等，会使实收资本或股本增加；资本过剩或发生重大亏损，会使实收资本或股本减少。

2. 留存收益。

留存收益是企业历年剩余的净收益累积而成的资本。留存收益与投资者投入的资本属性一致，均为股东权益。投入资本是由所有者从外部投入企业的，它构成了企业股东权益的基本部分。留存收益不是由投资者从外部投入的，而是依靠企业经营所得的盈利累积而成的。

留存收益既然是股东权益，股东便有权决定如何使用。按规定，企业可将留存收益在股东间进行分配，作为企业股东的投资所得，也可将其中一部分留在企业不予分配。可见，留存收益会因经营获取收益而增加，又因分给投资者而减少。如果企业经营入不敷出，发生经营亏损，将减少留存收益。

对留存收益有较大影响的是股利分配。企业会因分派股利而大幅度减少留存收益。因此，企业必须有足够的留存收益才能分配股利。但这并不意味着，只要有足够多的留存收益便进行股利分配。企业往往会因特别目的或法令规定而限制留存收益，为了约束企业过量分配，有关法规均规定企业必须留有一定积累，如提取盈余公积，以利于企业持续经营、维护债权人利益。留存收益可分为两部分，即盈余公积和未分配利润。

（1）盈余公积。企业提取盈余公积时，借记"利润分配"账户，贷记"盈余公积"（法定盈余公积、任意盈余公积）账户。企业用提取的盈余公积转增资本，应当按照批准的转增资本的数额，借记"盈余公积"账户，贷记"实收资本"或"股本"账户。企业将盈余公积转增股本时，应当按照转增股本前的股本结构比例，将盈余公积转增股本的数额记入"股本"账户下各股东的明细账，相应增加各股东对企业的股本投资。

盈余公积可以用来转增资本或弥补已过弥补期限的经营亏损。转增资本后盈余公积不得低于注册资本的25%。盈余公积用来转增资本时，借记"盈余公积"账户，贷记"实收资本"或"股本"账户；用来弥补亏损时，借记"盈余公积"账户，贷记"利润分配—盈余公积补亏"账户。

（2）未分配利润。企业未分配利润的核算是通过"利润分配"账户之下的"未分配利润"明细账户进行核算的。企业在生产经营过程中取得的收入和发生的费用，最终通过"本年利润"账户进行归集，计算出当年盈利或亏损，然后转入"利润分配—未分配利润"账户进行分配。结存于"利润分配—未分配利润"账户的贷方余额，则为未分配利润；如为借方余额，则为未弥补亏损。

公司制企业的股东享有分配股利权。股利是指公司制企业发放给股东的投资报酬，其实质是公司财富中属于股东收益盈余的一部分。公司制企业只有经营获利具有留存收益余额时才可分派股利。

股利支付的形式主要有现金股利、财产股利。

◎ 两大增值环节

企业的经营可以简单地概括为从资金到更多的资金的一个过程。然而，简单的资金是不可能带来更多的资金的。企业要实现盈利，必须先将资金转换为各种资产，即先进行投资，再通过一个生产经营过程实现资本的增值，这样得到的最后结果，即为实现盈利，获得更多的资金。投资者向企业投入资金后，便参与了企业的一个经营循环。

一般来说，企业首先会用投资者和债权人投入的资金去购买原材料、机器设备，聘请生产经营人员和管理人员等。原材料经过加工处理以后变成在产品，再经过各道生产工序变成产成品。商品生产出来后，即原材料变为产成品后，并不代表资本的增值已经实现了。要实现增值，必须将产成品投入销售环节。通过销售得到的资金叫销售回笼或资金回笼。资金回笼后，才能参加下一次的循环。这就是一次资金变成资产，又变成更多资金的企业经营活动的全过程。如图 2-2 所示：

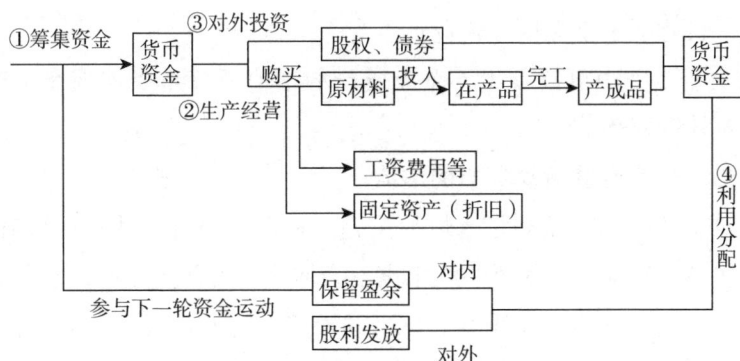

图 2-2　企业资金循环与增值各环节

简单来说，企业资金运动规律就是资金在运行中不断改变形态，形成资金增值，经过资金分配后又进入新的循环。这个从资金到资产再到变成资金的增值过程，实际就是企业的一个经营循环，它对企业的持续经营和赢利实现非常重要。

一、经营循环的增值

投资者投资企业、经营企业的动力，就在于通过投资和经营带来利润，即实现增值。如果我们投入了 100 元现金，最后只收回了 100 元，就表明投资者连资金的时间价值都没有收回，更没有产生增值。对理性的老板来说，这会使其失去投资的意愿和需求。没有投资，企业也就无法继续经营下去。

因此，企业的增值涉及的要素不仅是本金部分，还有高于本金的增值部分。企业投资人的资金如果不投资企业，而是存入银行、购买国债，会有最低收益率，我们设定为 4%（按银行年存款率）。如果投资企业，就会产生风险，于是投资者就希望有一个风险补偿金。假设风险补偿率是 5%，再加上投资回报率 5%，就构成了"总投资回报率 = 最低收益率 + 风险弥补率 + 投资回报率"这个公式。按照我们的假设定义率来计算，总的投资回报率为 14%。

最低收益率加风险弥补率只是投资的成本，投资回报率才是企业的回报。现实中的一些企业年平均投资回报低于 9%，即低于资金成本，长此下去就会损失企业资本金。

从图 2-2 中可以看出，企业资产的增值环节主要体现在生产经营和对外投资环节。

二、生产经营活动环节的增值

对企业来说，盈利是永恒的主题。资本是通过运动实现增值的。资本如果不运动，即使过 100 年也不会增值。因此企业运作的核心就是通过有效的投资实现盈利。广义的投资分为对内投资和对外投资：对内投资指资金在企业内部运动的过程，也就是生产经营活动。狭义的投资指对外投资，即投资行为在企业外部进行。

　　生产经营活动是企业运作的核心内容，对制造业企业来说，其生产经营活动及资金运动可以用图2-3表示：

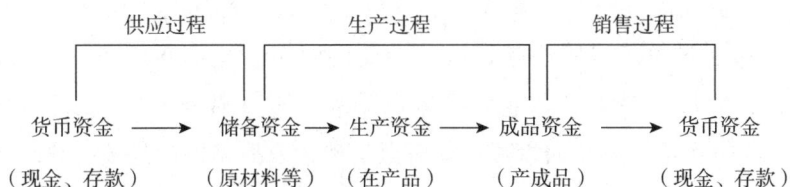

　　供应过程　　　　　生产过程　　　　　销售过程

货币资金 ——→ 储备资金 ——→ 生产资金 ——→ 成品资金 ——→ 货币资金

（现金、存款）　　（原材料等）　（在产品）　　（产成品）　　　（现金、存款）

图2-3　制造业企业的生产经营活动及资金运动

　　对商品流通企业来说，其经营过程与制造业企业的经营过程基本相似，只是不涉及生产加工环节，因此其经营活动与资金运动相对简单一些，如图2-4所示：

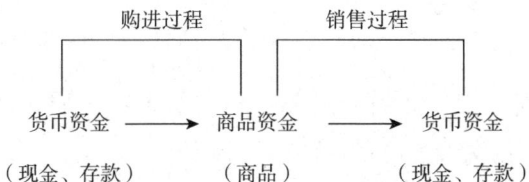

　　　　购进过程　　　　　销售过程

货币资金 ——→ 商品资金 ——→ 货币资金

（现金、存款）　　（商品）　　　（现金、存款）

图2-4　商品流通企业的经营活动及资金运动

　　盈利是企业生产经营活动的永恒主题。企业实现盈利后进行利润分配，未分配完的利润保留在企业内部，利润留存逐年累加，使企业规模不断扩大。而亏损企业则会不断萎缩直至退出市场。

三、对外投资环节的增值

　　企业的一切投资活动都服务于企业战略。企业战略是企业经营的最终理想。根据生命周期理论，所有企业都是沿着一定的生命周期发展的，任何企业从最初酝酿进入市场到最终退出市场，都不可避免地存在四个阶段：初创期、成长期、成熟期和衰退期。在企业的整个生命周期里，企业不同发展阶段的发展战略可能各不相同。例如，初创企业的发展战略可能是"营业收入与营业利润翻番"，成长期企业的发展战略可能是"股票上市"，成熟期企业的发展战略可能是"成为行业领跑者"。

企业发展战略与企业性质、企业老板的个人特质存在显著关系。但无论企业的发展战略是什么，企业的财务管理应跟随不同发展阶段的企业特点来满足企业的投融资需求，防范财务风险，以实现企业的战略目标。企业的投资活动应以实现企业战略目标为核心导向。

投资行为既可能给企业带来丰厚的投资收益，也可能给企业带来投资损失。管理者一方面需要对投资的规模和期限进行决策，降低投资风险，另一方面要避免投资行为对企业生产周转资金的影响，最大限度地促进企业战略目标的实现。

◎ 三大经济活动

在大数据时代，如何从财务视角透析事物本质，并借此增加投资成功率，是投资者面临的一项重要课题。

在财务三张表中，现金流量表归集的是企业在三大类经济活动，即经营活动、投资活动和筹资活动中的现金变化情况。如图2-5所示：

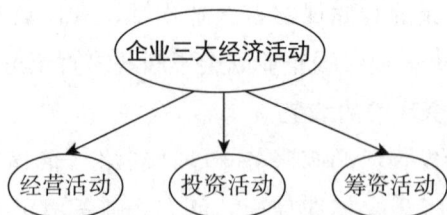

图2-5　企业三大经济活动

如果说资产负债表和利润表主要体现了企业在特定报表时点的财务状态及报表期间的财务表现，那么现金流量表就给老板提供了第三个维度——现金流，来进一步分析企业的基本面。综合来看这三张表，老板能够从更立体的角度来了解企业的财务情况，从而有助于其进行投资决策。

一、经营活动

经营活动中的现金变化主要包括企业开展主营业务所产生的现金流入和支出。把特定期间的经营活动的现金净流入和利润表里的净利润数据，以及资产负债表里的存货或应收账款周转天数等数据结合起来看，可以帮助老板更好地判断企业整体的盈利能力与价值。一般来说，一家轻资产企业，当其净利润上升时，其经营活动现金净流量的变动与净利润的变动在理论上是比较一致的，否则就说明企业的净利润中可能包含一些"水分"。比如，净利润中存在非经常性损益（如出售长期资产损益、出售子公司股权损益等），或者部分利润是通过"牺牲"现金流赚取的（如给客户放长应收账款收款账期，企业将持有更多的应收账款和存货，以获取更多利润）。

当遇到潜在"水分"时，老板可以更深入地结合企业年报中披露的相关内容来辅助判断，如对业务及主要财务数据变动的解释、现金流量表的附注、主要利润表项目的注释以及非经常性损益的描述与披露等。

二、投资活动

投资活动主要包括企业收购、处置子公司以及购建、处置长期资产的业务等。较大的投资支出可能暗示着企业未来业绩的提升。对一段时间内企业投资活动现金流情况的对比，能够帮助老板对企业的发展潜力有更好的认知。

如果企业持续投资，且利润、经营性现金流持续正相关增长，那么这家企业可能释放了一个相对较为正面的未来增长信号。

对收购型的业务扩张，还可以结合企业年报中重大并购、商誉减值等信息披露来综合评价相关企业的并购整合能力以及协同发展潜力。

对于在 IPO（首次公开募股）中募集的资金未完全使用完毕的企业，可以将募集资金的使用情况和现金流量表的表现结合起来，综合评价相关企业的投资规划、执行以及投后管理效率，衡量该企业是否能通过有效投资为投资者赚取合理的回报。

三、筹资活动

筹资活动主要包括企业与其权益类投资人和债权人（如银行）的资金往来活动。

企业的筹资活动现金流是对日常经营"自我造血"获取现金流的一个很重要的补充。当企业盈利能力好，投资项目回报高于筹资成本时，企业倾向于通过筹资活动来获取资金以进行规模业务扩张。在遇到筹资活动现金流量较大的企业时，老板应适度关注这类企业的融资成本以及在一定时间内的融资现金流量变化情况。

通常来说，当一家企业融资现金流入逐渐减少、由正转负，或者融资成本明显高于同行业企业时，老板就要谨慎行事了。因为这通常预示着债权人（通常是较为敏感且拥有较完善风险识别机制的金融机构）可能已经嗅到了一些敏感的味道，并采取了积极的措施以降低其风险。在遇到这类情况时，老板还可以关注财务报表中的借款抵押或质押情况，以及是否存在借款财务指标违约的情况来综合做出进一步的评估。

现金流量表作为资产负债表和利润表的重要补充，可以有效地帮助老板加深对企业财务状况或表现的认知。通过比对历史上财务数据以及同行业对标企业的表现，老板能够更有效地"大浪淘沙"，甄选绩优股。

从财务视角看经营的四大步骤

◎ 从资本到资源／资产

企业的发展是从资本到资源的飞跃，办企业的起点是创业资本。经营者之所以成为经营者，是因为他支配着一定的资本。资源是可被用来实现某种人文目的的存在物，可以分成组织资源、经济资源、文化资源。

资本是企业生存发展、基业长青的条件，通常包括愿景的战略资本、执行的战术资本、团队的创新资本、利润的持续资本。对企业的发展来说，资本的重要性非常凸显：规模扩大需要资本，产品研发需要资本，日常运营需要资本。资金链、现金流是企业的生命线。

在市场竞争中，资本扮演了重要的角色。从最初的把握先机，到后期的资本为王，资本演绎了一幕幕攻城略地的故事。在资本有限的年代，有限的资本可以换取无限的资源。企业可以凭借资本优势，获取一定的自然资源、社会资源、产业资源、行业资源，通过资本获取资源，通过资源获取利益。通过并购、合作等方式获取企业资源、渠道资源、人力资源等成为企业发展的主要路径。

资源也可以获取资本，资源竞争是未来企业竞争的核心，不管未来企业的商业模式如何变换，运营模式如何变化，技术如何迭代，这一点都不会改变。在资本相对有限（局部资本过剩），而资源越来越有限时，有限的资源可以获取无限的资本。

在传统产品经营层面，企业经营的核心命题是产品的研、供、产、销，产品的最终市场表现决定着企业的生死存亡。随着存量竞争时代的到来，大量埋头苦干，精于产品研、供、产、销过程的企业，一夜之间发现自己已到了岌岌可危的境地。它们或因资金实力不足而不能在产品的研、供、产、销各个环节上进行足够的资源投入，进而确立自己的竞争优势、提升自己的可持续发展能力，或者直接面临着来自资本强势企业的吞并威胁。

与那些产品经营型企业的濒危处境相反，一些擅长资本思维的企业在动荡的产业变迁和激烈的市场竞争中奇迹般壮大。它们或以大手笔的资本投入构筑起研、供、产、销等各个领域的压倒性优势，或以并购重组、产权联盟等方式将那些有着产品经营竞争优势的企业直接兼并。未来企业的经营，远不止生产适销对路的产品并实现其销售那么简单，企业需要有一种资本思维来实现对产品经营的超越。企业老板需要考虑比具体某个产品的研、供、产、销更重要的经营命题，即企业本身的价值提升及企业在总体上的业务战略布局和高效资源配置。在让产品有市场价值的同时，更要让企业有资本价值。

一、股东投入和债权人投入的区别

在企业的资本中，债权人资本和投资人资本都属于所有者权益的一部分。收到债权人资本时，是借记有关科目，贷记长期或短期借款。而投资人资本是借记有关资本，贷记实收资本。

债权人与股东的区别在于：

（1）股东拥有的是所有权；债权人拥有的是债权；

（2）股东一般不能退股，只能是转让债权到期后，债权人可以向债务人请求偿还；

（3）拥有公司股份就可以参与公司决策；拥有债权与决策权无关；

（4）股权没有期限；债权一般只有两年的诉讼时效，过期即丧失胜诉权；

（5）股东可以享受分红；债权人最多只有利息。

　　企业在组建时，所有者（股东）投入的资本，全部作为实收资本。所有者向企业投入的资本，在一般情况下无限偿还，可供企业长期周转使用。实收资本（或股本）的构成比例，通常是决定所有者在企业所有者权益中所占的份额和参与企业财务经营决策的基础，也是企业进行利润分配或股利分配的依据，同时还是企业清算时确定所有者对净资产要求权的依据。

　　二、负债与所有者权益的差别

　　企业的权益包括所有者权益和债权人权益（负债）两种，二者都是资产负债表中资产的来源。企业债权人投入的资本，对企业来说构成了负债。但所有者权益和债权人权益有着明显的区别，主要表现在以下几个方面：

　　1.体现的权益关系不同。所有者权益是投资人对企业净资产的所有权，即投资人对企业总资产抵销企业所欠一切债务后的剩余权益。因此，所有者权益的多少，要视企业的经营状况而定。负债则是债权人对企业资产的索偿权。债权人与企业只是债权债务关系，债权人从企业获得收益的多少，一般是事先确定的。

　　2.偿还期限和责任不同。负债一般有规定的偿还期限，因此，负债必须按期如数归还，即使企业在倒闭清算时，也必须先偿还负债部分。而所有者权益则是一项永久性投资，所有者对企业的投资在企业的整个经营期内无须归还，所有者除依法转让外，不得以任何方式抽回投资，只有在企业停止经营进行清算时，才有可能将投资收回。

　　3.享有的权利不同。债权人与企业只存在债权债务关系，因此，债权人只享有到期收回本金和利息的权利，没有选举权和经营管理权。而权益所有者则按投资份额的大小享有选举权、经营管理权和获取剩余收益的权利。

　　三、总资源的表现形式

　　企业总资源（总资产）指企业拥有或控制的全部资产，包括各种财产债权和其他权利。

举个例子，孙先生租了厂房和印刷机，开了家小型印刷厂。现在孙先生使用的厂房和机器是不是他的资产呢？显然不是。虽然此时孙先生行使对厂房和机器的使用权，但这些厂房、机器的所有权并不在他的手里。也就是说，孙先生并不能控制和支配这些厂房和机器。

那么，资产具有哪些特征呢？

首先，资产具有排他性，即某项资产所有权和使用支配权只归某一企业。其次，资产必须能够被企业以货币加以计量。比如，一家生产饮料的企业垄断占有了一处矿泉水水源，却没有办法来给它估价，那么这处水源也不能算作这家饮料厂的资产。再次，资产要能够直接或间接地为企业带来预期的经济效益，要有助于企业目前和未来的经营，像报废的机器，它已经不能再给企业带来任何经济效益，这时它也就不能算作资产了。最后，资产既包括财产，也包括债权和其他权利。

企业总资产包括流动资产、长期投资、固定资产、无形及递延资产、其他长期资产、递延税项等，即为企业资产负债表的资产总计项。

流动资产指企业可以在一年内或者超过一年的一个生产周期内变现或耗用的资产合计，包括现金及各种存款、短期投资、应收及预付款项、存货等。它是企业多项资产中的王牌军。

长期投资指不准备在一年内变现的投资，包括股票投资、债券投资和其他投资。

固定资产指企业固定资产净值、固定资产清理、在建工程、待处理固定资产损失所占用的资金合计。

无形资产指企业长期使用而没有实物形态的资产，包括专利权、非专利技术、商标权、著作权、土地使用权、商誉等。

长期待摊费用指企业已经支付，但不能全部计入当年损益，应当在本年和以后年度内分期摊销的各种费用，如需要在一年以上摊销的数额较大的广告宣传费、股票发行费、开办费、租入固定资产的改良支出等。

其他长期资产指流动资产、固定资产等资产以外的，由于某种特殊原因，企业不得随意支配的资产，一般包括国家批准储备的特种物资、银行冻结存款以及临时设施和涉及诉讼的财产等。

不能带来未来经济利益的资产，应该从资产负债表中剔除。例如，库存已失效或已毁损的原材料，已经不能给企业带来未来经济利益，就不应该再作为资产列示在资产负债表中。

❂ 从资源到收入

企业从资源到收入可分为两个过程、三个环节，即供应→生产→销售。一方面，企业运用资源在采购、生产等过程中提供产品；另一方面，企业通过销售产品形成收入。

一、运用资源提供产品

企业运作从取得货币资金（金融机构贷款、股东投入资本、发行公司债券等）开始。在供应阶段，用货币资金购买和购置生产资料（原材料和生产设备等），大部分资金由货币形态转化为原材料储备形态和固定资产形态。在生产阶段，员工使用生产设备和工具对劳动对象进行加工，制造产品，其所消耗的储备物资和固定资产，以及用于支付员工薪酬和其他费用的货币资金，转化为在产品、半成品形态；产品制造完工后，资金又转化为产成品形态。

二、产品提供形成收入

在销售阶段，产品销售出去，资金又从成品实物形态转化为货币资金形态，最后对货币资金增值部分（企业盈利）进行分配。

通过供、产、销三个阶段，营运资金不断地从货币资金状态依次转化为实物资金形态（原材料等）、生产资金形态（在产品）、成品资金形态（库存产品）、结算资金形态（应收账款），并再恢复为货币资金形态，按照这样的顺序往复循环。

◎ 从收入到利润

收入是利润的根源，追求利润最大化已成为企业经营的一个主要目标。每个老板都知道这样一个公式：

$$利润 = 收入 - 成本$$

这个简单的公式，里面蕴藏着企业的生存法则和财富的秘密。

企业的每一项举措都是为了获得利润。如果长期不能赢利，那么最后的结局只能是企业破产，员工失业。每一家企业都必须尽最大的努力，采取一切措施去创造利润。

收入到利润需扣除成本费用。收入不等于利润，高收入不等于高利润。老板做企业的目标不是追求更高收入，而是追求更高利润。

在财务报表上，利润表就是收入、成本和利润的三方博弈。利润可以是负值，但这就意味着企业经营的失败。因此，这个公式就是企业的生存公式。所有财富大师的财富，都是从这个公式中衍生出来的，他们不断思考怎样让利润成为正值并不断增加。

要获得利润，企业必须抓住两大关键，一是增加收入，二是削减成本。正因为如此，管理学大师彼得·德鲁克指出："企业家只做两件事，第一是提升销售，第二是削减成本。其他的什么都不要做。"

一、成本费用的构成

成本是企业为取得资产的代价，包括产品成本、期间费用、其他业务支出、营业外支出、税金及附加。成本与费用既有联系又有区别：成本是针对一定的成本核算对象（如某工程）而言的，费用则是针对一定的期间而言的。

成本费用是企业生产经营过程中发生的各种耗费。企业生产经营中发生的全部费用可以分为生产费用、销售费用、管理费用和财务费用三大类。生产费用是企业为生产商品和提供劳务等发生的各项直接支出（包括直接工资、直接材料、商品进价以及其他直接支出）和各项间接费用（包括生产车间和工厂管理部门为组织和管理生产所发生的各项费用）。生产费用计入生产经营成本。销售费用是企业为销售产品和提供劳务而发生的费用。管理费用和财务费用是企业为组织和管理生产经营活动而发生的费用。销售费用、管理费用和财务费用作为当期费用处理，构成期间费用。生产经营成本和期间费用总称为企业成本费用。

二、利润的不同层级

利润包括收入减去费用后的净额、直接计入当期利润的利得和损失等。如果将不同性质的收入和支出按业务加以配比，可计算出不同的利润。企业利润主要由营业利润（主营业务利润＋其他业务利润）、投资收益和营业外收支差额构成。如图 2-6 所示：

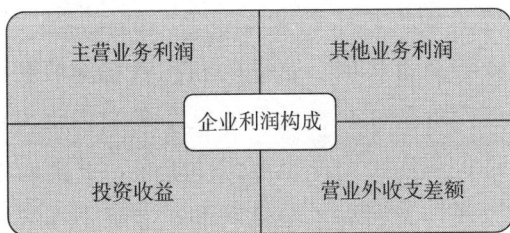

主营业务利润	其他业务利润
企业利润构成	
投资收益	营业外收支差额

图 2-6　企业利润构成

主营业务利润是企业利润的主要来源，主营业务利润分析是分析企业盈利能力的关键。企业的盈利能力不仅包括企业现在及未来能达到的盈利水平，还包括企业盈利的稳定性和持续性。主营业务指企业营业执照上规定的企业主要经营的业务，主营业务经营得好坏是企业能否生存和发展的关键。主营业务利润的稳定性较其他业务利润的稳定性强。如果企业利润中主营业务利润占的比重大，那么企业的盈利结构的安全性就较大，即企业利润的波动性较小。

投资收益是企业对外投资的净收益（或亏损）。营业外收支差额是与企业经营无直接关系的营业外收入与营业外支出的差额。

❂ 从利润到现金流

一、利润和现金流的关系

这里有一个问题请大家先思考：有一单生意可以有 50% 的利润，这算是非常高的利润了，但是客户只给了 10% 的定金，10 年以后才给回款；另一单生意只有 4% 的利润，但是客户预付全部款项，你可以拿预付款去进材料，没有库存、账期压力，没有坏账，现金流良好，没有任何风险。你会选择哪单生意？

举这个例子是想说明一个道理：现金流利润才是真利润，而且是最重要的利润。有些企业账面上的利润很好，但实际上并没有相应的现金流。因为他们的钱都在库存上，都在应收账款的报表上，甚至已经成了死账或者坏账。这样的利润就是虚假利润。虚假利润越高，企业的风险就越高。相反，如果企业的现金流良好，而利润并不高，甚至是负利润，企业也可以活下去，并随时都能抓住更好的机会。切记，现金流利润才是真利润。老板不能只关注利润，更要高度关注现金流。企业迫不得已时，甚至可以做一点负利润的项目，只要能有现金流进入就好。现金流有了保证，哪怕没有利润，企业也可以活下去。相反，一旦现金流断掉，再好的项目也会崩盘。老板务必高度重视现金流！

对成熟的企业来说，高质量的现金流体现为：

（1）正的经营性现金流；

（2）可持续的经营性现金流；

（3）现金流足以覆盖资本支出、股息支付和偿还债务；

（4）现金流的波动性小。

二、三大活动的现金流表现

企业现金流分为三类：经营活动所产生的现金流、投资活动所产生的现金流和筹资活动所产生的现金流。

经营业务指创造收益的主营业务以及不属于投资或融资业务的其他业务。经营活动形成的现金流量的金额是一个重要的指标，通过它可以判断在不依靠外部资金来源的情况下，企业经营形成的现金流量是否足以偿还贷款、维持企业的经营能力、派发股利以及进行新的投资。

投资业务指取得和处理长期资产以及不包括现金等价物在内的其他投资。这种现金流量代表了有多少支出已用于为了产生未来收益和现金流量的投资业务。

融资业务指导致企业的权益资本以及借款的规模和结构产生变化的业务。单独揭示融资业务形成的现金流量是重要的，因为这有助于资本提供者预计企业对未来现金流量的要求。

如何评价投入和产出

⊙ 从企业角度看投入

财务管理的精髓就是以最小的投入，获取最大的收益和产出。企业的领导者必须有能力从财务的角度及其他角度去看待企业中存在的问题，并对成本支出做出最恰当的管理，以达到企业经济效益最优化的目标。

可以说，用最小的投入换取最大的收益，这是所有商业精英都遵循的创业原则。投入少，获益多，也是所有老板都追求的最优资源配置方式。在他们眼中，财富就是通过杠杆效应逐步积少成多而来的。人们所说的杠杆效应，其实就是以知识与智慧为支点，达成一种最优的投资组合，然后在这种支出和投入最小的情况下，获取最大收益。在实践中，对杠杆效应运用得最为出色的，首推沃伦·巴菲特。在所有创造财富神话的角色中，巴菲特无疑是一个典型代表。巴菲特之所以能够积累如此巨大的财富，主要是因为他充分地利用杠杆效应分配自己的金钱——投资购买其他人所管理的企业的一部分股权，然后通过最小的投入谋取最大的产出。借助杠杆效应，巴菲特获得了巨大的成功，不少追随他的投资人也得到了巨额的财富。

当然，在投资和企业经营管理中，仅仅最大限度地缩小成本是不够的，懂得运用适合企业发展、符合现实的经营模式也是获取最大产出的关键之所在。

从企业的角度来看，投入是一个企业拿到营业执照以后，第一笔要处理的账务，也就是我们通常说的实收资本。实收资本是指投资者按照企业章程或合同、协议的约定，实际投入企业的资本，它是企业注册登记的法定资本总额的来源，它表明了所有者对企业的基本产权关系。

实收资本是企业股东投入企业的钱，简单地说就是企业收到的钱。在账务处理方面，财务记账要记录企业的银行存款增加，记录企业的实收资本增加，在实收资本的明细中还要具体反映出是谁投入的钱增加了。

◎ 从股东角度看投入

股东最关心的问题，不外乎财务和业务状况是不是正常、股息的发放能否平稳且较为优厚、投资的安全有无保障、股息能否按期发放。股东和经营者常常发生矛盾，最主要的原因就是人和财的问题。第一，钱的流向。股东关心的钱的问题只有两个：一是企业有没有赚钱，二是企业赚的钱跑到哪里去了。如果股东发现企业赚了钱不分给大家，都被弄到经营者自己的口袋里面去了，那他不翻脸才怪。第二，人的来路。股东会关心企业用的是什么人。为什么用来用去都是你的人？"为什么不能用一两个我的人？你安的是什么心？有一天你准备把我换掉？"股东对经营者最不放心的地方，就是有一天企业赚钱了，自己却不知道。

企业要持续发展，好好地经营下去，首先就要"安股东"。因为只有股东的心安了，他才不急着把资本收回去；股东的心不安，就会把股票卖掉，或者要求退股，把所投资的资金抽回去。股东要求退股或者不愿意继续投资，企业就很难生存发展。当企业的生意不好的时候，资金反而不是大问题；当企业的生意好的时候，财务往往才开始有困难。因为，当老板把市场开拓出来以后，产品供不应求，就要增加生产线，增大进料数量，加大仓库容量。这时若发现资金紧张了，股东不投钱了，那才是最致命的时刻。

因此，股东是企业所需资金的主要供应者。股东对企业有信心，才肯继续投资，企业才能持续生存发展。

◎ 从利润角度看产出

利润可以反映企业在一定会计期间的经营业绩和获利能力，反映企业的产出与投入的差额，有助于投资人、债权人等据此进行盈利预测，评价企业经营绩效。不论在企业财务目标上持何种观点，企业若没有盈利，那么哪种目标都不可能实现。

企业的利润只能来自企业当期的经营活动，利润是当期经营收入与当期经营支出相抵后的结果。它仅反映本期经营性的业务成果，不属于本期经营活动的收支不列入其内，在留存收益表中分别反映。按这种方法确定的利润，能够比较真实地反映企业的经营业绩，并且便于在不同会计主体、同一会计主体前后各期经营成果之间进行分析比较。

◎ 从现金流角度看产出

普通人都知道好生意是投入少、产出多的生意。

投入＝投资＝花钱＝投资活动产生的现金流量净额＝购建固定资产、无形资产和其他长期资产支付的现金

产出＝经营＝挣钱＝经营活动产生的现金流量净额

以某酒厂为例，2011—2020年，该酒厂共投资了270亿元现金，

换来了 2360 亿元的净现金流入，自由现金流为 2000 多亿元。也就是说，这 10 年投资了 270 亿元，赚了 2360 亿元，产出是投入的 8.7 倍。根据复利公式：期初 =1×（1 ＋ r）^10=8.7，复合增值率 r 为 24.15%。

再看看格力电器，过去 10 年投入 332 亿元到公司经营中，产出了 1871 亿元的业务净收入，产出是投入的 5.6 倍。也就是说，过去 10 年里每投入公司 1 元钱，10 年后就产出了 5.6 元，根据复利公式：期初 =1×（1 ＋ r）^10=5.6，复合增值率 r 为 18.8%。

因此，投资者可以用现金流量表找到投入少、产出多的好生意。

第三章
老板的财务组织工作

财务组织结构的建立

◎ 合理设置企业财会机构

企业的财务控制机制要靠科学的财务组织结构和现代化的控制方法建立起来。合理设置企业财务组织，有利于促进财务部门与其他各部门的沟通，提高企业财务执行力。

不同规模、不同管理方式及不同类型的企业，设置的财务组织结构会有所不同。在我国，为加强资金、账目的统一管理，通常设立财务会计合并的组织形式，如图 3-1 所示：

图 3-1 "财会合一"的财务组织结构示意图

企业财务机构的设置有两种模式，一种是"财会合一"的模式，即会计机构和财务机构合二为一。它适合小型企业，目前我国多数企业采取此种形式。另一种是"财会分设"。"财会分设"有利于企业财务管理水平的提升，一般更适合大中型企业。

"财会分设"的机构设置可分为三个层次。如图 3-2 所示。

第一个层次：设置财务总监，由其负责组织和领导企业财会工作。

第二个层次：设置会计部和财务部，分别负责会计预算和财务管理工作。

第三个层次：设置会计部和财务部中的岗位，并明确各财会岗位的职责和权限。

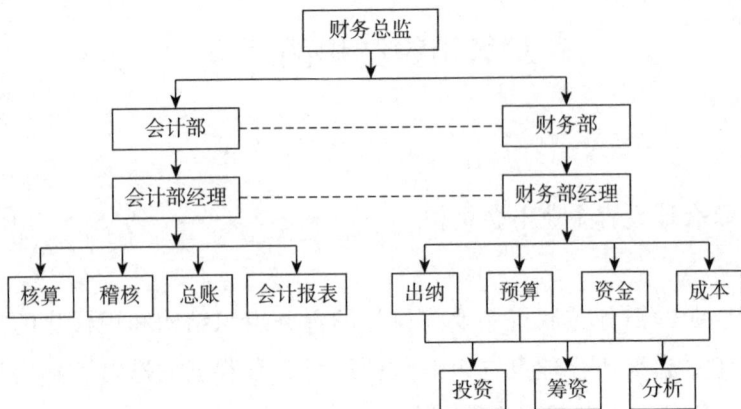

图 3-2 "财会分设"的财会机构示意图

◎ 建立精细化的财务管理体系

企业理财，重在梳理，成于精细。企业老板要将财务管理工作做精、做细。财务管理精细化是企业挖掘增效空间、降低财务风险、确保财务目标实现的基石。

从管理行为的效用性来看，财务管理精细化有利于促进财务人员熟悉生产工艺流程，更好地为企业生产经营决策服务；有利于带动全体员工参与到财务管理中来，为财务目标的执行形成"众人拾柴火焰高"的良好效果；有利于明确各责任单位的财务管理目标，为企业总体目标的实现形成合力；有利于梳理管理行为，将企业的价值观渗透到企业管理的全过程中，实现管理行为质的飞跃。

一、以提高企业效益为目标

精细化财务管理的目标是通过不断拓展财务工作的广度和深度，挖掘生产经营活动的潜在价值，追求财务活动的高附加值，最大限度地为企业创造经济效益。企业老板要树立"大财务"观念，把财务管理观念渗透到企业的每个细节中去。

二、实施财务管理精细化目标的两大任务

1.控制成本。精细管理对企业最大的贡献在于成本控制，管理精细化的企业一般能够把成本控制到最优，因为精细管理能够优化流程、提高品质、降低不必要的损耗。

2.促进收入增加。财务管理不应是一味降低成本，而是要通过科学的分析将资金用在最有效益的地方。

三、提供精确财务信息，引导生产经营健康发展

一方面强化财务管理职能，拓宽财务管理领域；另一方面提供精确的财务信息，引导企业运营活动的健康发展。从财务的观点来看经营，从经营的观点来看财务，对重点业务和重要财务变动情况进行跟踪，定期或不定期地提出各种财务分析报告，及时主动地将生产经营的相关数据反馈给企业领导，客观揭示企业经营的全貌，为企业经营决策提供依据，确保经营方向的正确。

四、确保投资效益，精细化财务管理决策

精细化财务管理对投资管理决策有着更细致的要求，即要求决策力求精细，强调理性投资。不管对内、对外投资都以有助于企业长期战略发展为决策前提；在事中和事后的控制、监督和考核评价中体现精细化，确保投资的保值和增值，努力提高投资效益。准确地说，精细化财务管理就是要求将财务管理触角延伸到企业的所有生产经营领域，实现财务管理与经营业务的协同发展。

五、优化财务管理手段

企业已经进入微利时代，很多利润可能是在财务报表中找出来的，而不是在经营毛利中找出来的。开支降低、人工降低，不该花的钱不花，该花的钱也尽可能不花。这就要求财务分析工作要做到细致入微，哪一项是必要的支出，哪一项不是，对比年度计划、季度计划、月度计划甚至旬计划，进行因素分析。优化财务管理手段除了财务分析精细化，还包括财务预测、财务计划制度化、财务决策和财务控制。

◎ 合理设置财务岗位

企业应设置相应的财会部门作为企业的会计机构。企业根据自身规模的大小，可以将财务部与会计部分开设立，也可以合二为一。企业会计机构的主要职责包括组织会计核算、进行会计监督、制定本单位的内部会计制度和会计政策、参与本单位各种计划的制订和考核、进行会计分析、实施会计控制。

对大中型企业来说，会计工作岗位一般可分为会计机构负责人（通常称为CFO）或会计主管、出纳、财产物资核算、工资核算、成本费用核算、财务成果核算、资金核算、往来核算、总账报表、稽核、档案管理等。这些岗位可以一人一岗、一人多岗或一岗多人。需要指出的是，为了加强内部控制，必须执行不相容岗位分离制度，比如出纳人员不得兼任会计工作等。

对小企业来说，为降低企业管理成本，可以简化财会部门，但至少需要设置出纳和仓储保管、会计。在企业规模较小时，也可以聘请专业的财务代理公司或代理记账公司。但企业内部也必须要有严格的记录，否则最后很可能会产生糊涂账。如果条件许可，企业应设置会计主管，以加强财务管理工作。中小企业在发展到一定规模后，财务部门的管理工作一定要及时跟上。

建立企业财务管理制度

◎ 根据企业特点建立与之相适应的财务管理制度

企业建立一套好的财务管理制度，胜过聘请好的财务人员。

科学有效的财务管理制度是企业实现经营目标、约束各个部门共同遵守公司章程、明确公司管理流程、了解公司发展战略、避免由于制度缺陷而造成重大风险的有效手段。

企业财务管理制度的建立，应结合自身发展的需要、特点、实际情况，建立健全财务管理制度体系，明确操作流程，保证财务制度的有效执行。

小企业和大中型企业的会计核算的基本原则是相同的，都执行《中华人民共和国会计法》的各项规定。但小企业和大中型企业所执行的会计准则是不同的。现在一般的小微企业基本上执行的是《小企业会计准则》，而大中型企业则执行《企业会计准则》。二者的会计科目设置、账务处理、财务报告格式等均不同。比如，《小企业会计准则》中的资产处置直接记入营业收入收支，而《企业会计准则》会分不同情况，有的记入资产处置损益，有的记入营业收支。一般不要求小企业计提减值准备，小企业所得税核算采用应付税款法，简化了时间性差异的核算。此外，《小企业会计准则》中的长期股权投资、专门借款费用、融资租赁等会计核算均比《企业会计准则》规定的简单。小企业只要求提供资产负债表和利润表两张基本报表，项目也相对较少。

因此，不同规模的企业应根据不同的会计准则来建立与之相应的财务管理制度。小微企业最好选择执行《小企业会计准则》，大中型企业选择执行《企业会计准则》进行会计核算。

此外，企业所处的行业各不相同，如商业企业、生产性企业、工厂和学校、酒店、建筑单位等，其所发生的会计项目各不相同，财务管理的内容也各有差异，所以不能随便套用其他企业的财务管理制度。

◎ 建立企业财务内控管理制度

对一家企业来说，完善企业财务内控管理制度有着不容忽视的意义。无论是小型企业还是大中型企业，都需要建立企业财务内控管理制度，并根据企业的自身情况不断完善和优化，从而保障企业的长远健康发展。

企业建立完善的财务内控管理制度，可以保障企业财务工作的正常有序进行，不断提升财务管理人员的管理效率，对自身的财务体系进行有效监督；可以对业务部门，如对企业的商品运输、原材料储存、销售等环节进行有效的监督和管理，以有效地减少甚至杜绝管理层的腐败行为，同时对员工的行为进行监督和约束，从而使企业减少不必要的损失，实现稳定发展；还可以帮助企业有效调配资金，让企业把资金用在刀刃上；有助于提高企业的风险防范能力，防范财务会计报告造假或信息不完整的情况出现，保障企业长远稳定的发展，提高企业自身的风险防范能力。

然而，部分企业的财务内控管理制度存在着一些亟待解决的问题。比如，企业财务内控管理制度不完善，有的企业在制定财务内控管理制度时没有结合自身情况，一味模仿别的优秀企业，这无异于东施效颦，不能真正起到管理作用；部分企业预算制度不够完善，企业资金调配不合理，不是资金不足就是大量资金没有得到有效利用；企业的风险管控能力不足，风险评估能力较差，使企业不能对市场中千变万化的风险进行有效预测；缺乏有效的内控监管机制，导致企业内部的监管人员权责不明，甚至滥用职权。

因此，要建立企业财务内控管理制度，需要以下几个条件：

1. 要建立完善的企业财务内控体系，企业财务内控体系必须建立在相关法律法规的基础上。除此以外，企业也不能一味效仿其他优秀企业的财务内控体系，需要根据自身的发展状况和发展战略目标建立并完善财务内控管理制度，并根据自身的发展状况找出内控管理制度存在的问题并进行完善和优化。

2. 要完善企业的预算制度。完善的企业预算制度可以有效控制企业的成本，还能让企业的资金得到合理使用。这样可以有效避免企业在发展过程中出现资金链断裂的情况。因此，老板要提高对企业预算制度的重视程度。

3. 要提升企业财务风险的管控能力。对此，可以从三个方面入手：一是组织财务内控管理人员定期参与培训活动，并进行交流。二是为了让企业对市场和风险的预测更加准确，企业相关管理人员需要对有关信息进行收集，从而对企业可能存在的风险进行有效预测。三是企业需要建立和完善相关的风险管理制度，并制定紧急预案。

4. 要健全企业内部监管机制，对企业的财务工作进行科学的监督和管理，从而提高企业的财务水平。同时，对财务风险进行有效控制，以确保财务管理工作的安全性和可靠性。

❀ 强化企业财务措施，拓展财务管理思维，促进企业良性发展

企业要积极完善各项管理措施，对创新管理思维进行积极拓展，从企业财务管理的理念出发，重视企业财务管理的人员、制度和力

度，与现代信息技术的发展充分结合，提高企业的发展水平。

一、革新财务管理模式和理念

要关注企业的财务管理模式是否与社会经济的整体环境及企业自身的发展相适应。对企业来说，最怕出现关起门来自己搞发展的状况，这样很容易就会出现管理意识和管理制度僵化的问题。对企业的财务管理来说，国内外的企业经营理念和管理模式都是值得思考和学习的内容。在企业的经营管理当中，要形成良好的财务管理经验，并与自身实际发展情况相结合，做好合理规划，创新财务管理模式。

二、提高财务管理人员的专业素养

企业财务管理人员的综合素质提升，直接关系着企业财务管理的质量。要遵循企业的管理制度，规范专业人才的聘任流程，做好企业财务人员专业技能的培养，有效提高企业的财务管理人员的综合素质，避免在财务管理过程中出现账目失真、收支记录信息不清晰、资本运营管理混乱等问题；重视专业财务管理人员的培养、引进，对财务管理人员的专业资质进行提升，让企业的财务管理工作可以朝着更加专业化和高效化的方向发展。

三、强化企业内部管理和控制

要从财务管理的重要性出发，制定合理规范的内控制度和财务管理方式；对不可控制的财务管理流程进行合理的监督，将相应的审批流程引入其中，做好管理和监管，尽可能地减少企业的财务风险。一般来说，企业财务内控需要规范企业的各项业务操作，明确业务审批流程，做好财务监督和审核。

四、提高资金管理的力度

资金管理是维持企业正常运转的核心，可以通过对资金管理的力度进行强化来提升企业的运营效率。例如，从资金的流向入手，有计划地对资金的使用情况进行流程化的管理和监督；重视筹资、投资和融资，确保企业能够在运营阶段有足够的资金可以使用和调拨，满足企业对外支付和偿还的能力；提升企业的预算审核力度，使预算计划更加规范和合理。

五、加强信息化的财务管理

要积极应用计算机技术，重视数据计算和分析，使其逐渐适应企业财务管理的普遍性需求。企业财务管理人员要强化对计算机数据的分析储存知识的学习，提升自动化数据处理水平，做好全面的网络连接，让财务信息朝着更加全面的方向发展。

协调内外，创造财务发展契机

◎ 老板与经理人之间的信息传递

在全球化的市场环境中，信息就是财富。老板只有掌握了信息，才能知己知彼，在激烈的市场竞争中处于有利的地位。

规模稍大一点的企业，老板往往不直接参与企业的经营管理活动，而是将企业委托给职业经理人。让经理人按照授权范围，直接组织企业的各种日常经营管理活动，由此形成老板与经理人之间委托与受托的管理关系。

在所有权与经营权两权分立的企业制度下，企业老板可能会经常性地处于远离企业的状态。但是，由于追逐利润和赚取投资收益的动机，老板必然十分关心企业的经营状况、盈利能力以及发展前景。老板需要经常性地做出决策，如是否需要追加投资、是否需要缩小投资规模甚至撤回全部投资、是否需要撤换能力不强的经营者、是否需要在企业经营方针上做出重大改变，等等。这些决策都建立在经理人传递过来的信息的基础上。此外，经理人也需要通过这种信息传递向企业老板解释其受托责任及经营绩效。

一、企业老板决策所需的信息

具体来讲，老板所需的信息包括：

1. 国家或地区宏观经济情况与经济决策所需的信息。如国家的产业政策信息、通货膨胀率、国家金融政策与财政政策、国家和地区经济增长率、其他重大政策及其对各行业的影响等。

2.同行业内其他竞争者的相关信息。如行业其他企业的资本利润率、客房出租率、产品平均价格等指标，对老板来说，这些是设定经理人考核指标的重要参数。

3.企业的财务信息。经理人向老板提供财务信息的主要形式是企业的财务会计报表。财务会计报表可以说是经理人向企业老板汇报经营和财务状况的"成绩单"，是企业老板考核经理人的主要依据。

4.非财务信息。除了财务信息，非财务信息对老板的决策也相当重要。以饭店的经理人为例，他需要向饭店老板提供饭店的客房出租率、平均房价、质量信息、市场份额等。

经理人向企业老板传递的信息主要是后两种，其中财务信息的载体是财务会计报表，因此，经理人需要具备一些会计方面的知识，要求财务总监或财务经理对日常核算材料加以整理、分类、计算汇总，编制成财务会计报告，特别是要选择有说服力的指标体系，全面完整地描述经营状况和成果。非财务信息主要是统计信息和业务信息，需要经理人对此类信息加工后传递给企业老板；至于宏观和行业信息，企业老板者要自己注意收集和加工利用。

二、企业经营者与所有者信息传递制度设计的原则

经理人与老板之间信息传递制度的设计应遵循规范化、经常化、书面化等原则。规范化是指经理人按照有关法律法规要求及时向老板提供信息。这些法律主要指《中华人民共和国会计法》《中华人民共和国统计法》《企业会计准则》以及行业会计制度等。这些法律法规要求经理人提供的信息质量要有用、真实可靠、前后一致、明晰易懂、充分披露等。经常化要求经理人必须定期向老板提供有关信息，确定利润，划分会计期间。书面化要求经理人向老板提供具有法律效力的书面信息，包括"总经理致股东们的一封信"、关于企业生产经营情况的报告、财务情况报告等。

◎ 协调处理与财务总监的关系

经理人需要理解财务总监，二者的工作都是为企业所有者服务，都是在为企业的价值最大化努力。老板要信任和支持财务总监，在工作中增进彼此的了解，把财务总监当成自己的助手、理财专家、决策参谋，并帮助和要求财务总监在组织财务活动时达到如下目标：

（1）财务会计事务管理得当，工作效率高，节约会计成本；

（2）要能够及时提供经济预测、决策、预算所需要的财务会计信息；

（3）正确、及时核算，随时提供日常经营控制、管理所需的财务会计信息；

（4）在经济预测、预算过程中及时提供各种备选方案，积极参与决算等工作；

（5）做好日常经营活动的各种会计控制、监督、管理工作，增收节支，提高企业经济效益；

（6）协助其他业务部门处理好企业与其他相关利益者的经济关系；

处理好与财务总监关系的一个成功模式是摒弃传统的"一支笔制度"，对重大财务事项，实行老板与财务总监联签制度，必须联签方能生效的事项报经董事会批准后执行。这些需要联签的事项包括：提供贷款担保、资产抵押，在限额范围内提取现金，通过银行办理限额范围内的转账结算，在限额范围内处理不良资产，主要商品与价格变动，签订重要经济合同，以及董事会规定的其他需要联签的事项。

❀ 保持良好的银企关系

银行贷款是企业资本的一个主要来源，企业老板作为企业的负责人必须处理好企业同银行的关系。

1. 企业组织和商业朋友都会向小企业推荐一些合适的贷款银行，有些银行也愿意向这些小企业提供贷款。对企业来说，最理想的状态是能同某家银行建立起良好的业务联系。银行会优待自己的老客户，因此，企业老板一定要保持并增加同银行的联系，并结识银行工作人员，就商业问题向他们请教，使银行在协助自己业务活动方面发挥最大的作用。银行不仅可以提供资金上的帮助，还可以给企业出谋划策，帮助企业制定正确的决策，增加企业效益。

2. 小企业很少能立即得到商业贷款，因为银行要做信用调查，认真研究整个贷款计划。如果小企业的老板无法接受较长时间的审核程序，那么其所在企业获得贷款的机会就会很小。因此，小企业老板如果想获得银行贷款，必须提前做贷款申请计划。

3. 进行自我推销。企业老板在向银行提出贷款申请之前，首先应该介绍自己的实际情况。银行一旦认为你和你的企业值得信赖，那么具体的谈判也就容易了。要尽一切努力说服贷款银行相信你所经营的企业正处于良好运作阶段，具有发展潜力。视具体情况还可以把样品、照片、产品的文字介绍、权威人士的推荐信以及有助于获得贷款的所有资料都带到银行去。

4. 申请贷款的数目要超过自己的实际需要。银行都是比较保守的，企业在贷款之前应进行预算，在申请时填写的金额至少要比预算的数目多30%。

5. 不要低声下气。老板不必把银行当作施主或恩人。在同银行职员打交道时，老板应当把银行当作互相合作的生意人，而不要让自己显得是祈求其施恩的商业新手。

6. 不能隐瞒重要的事实。银行能通过各种信息来源了解到银行所需要的内容。作为企业的负责人，你要表现得坦率诚实，向银行对接人提供他们从其他地方也都可以了解到的信息，这样你就在他们心目中建立了一种诚实可靠的形象。

企业老板在处理同银行的关系时，首先，要以"诚""信"为原则，取得银行的信赖，这样对企业获得银行的贷款支持很有帮助；其次，要明确企业贷款的目的，不可盲目地使企业背上沉重的债务包袱；再次，要选择适合自己企业发展的银行作为后盾，充分利用银行的资金为企业做出贡献。

第四章
看透财报背后的企业真相

通过财报掌控企业运营

◎ 财报是企业的数字名片

财务报表是用数字写成的故事书，作为企业老板，要会用逻辑去听故事，检验故事的可靠性，而不是用技术去看故事，只注重单个指标的数值。

财务报表是企业经济运行的反映（如图4-1所示），也是企业的数字名片，是企业无声的语言，透露着企业的困惑，见证着企业的成长，演绎着企业的兴衰，展示着企业的价值。外部人通过财报可以迅速了解该企业的财务情况和盈利能力，并据此做出投资决策。尽管重要而且数字繁多，但事实上，企业的财报并非那么复杂难懂。读懂了财报，就能了解企业的状况。通过资产负债表可以摸清企业的家底；利润表是企业的面子，不是所有的利润都能变成现金；企业的日子过得好坏，关键在于手中有没有资金。全面阅读企业年度财报，是了解一家企业最直接、最有效、成本最低的手段之一。

为了更好地理解这一点，我们用一个案例来说明。

A公司长期从事钢制民用门业务，随着销售额的日趋扩大，拟在某地投资建厂以降低成本，最后选定了N市FD门业公司。双方商定共同出资2000万美元（FD公司出资500万美元，A公司出资1500万美元）成立合资公司，产品全部用于出口欧美市场。FD公司为表示诚意，提出将自己拥有的位于郊区的、从事国内门业生产和销售的H公司无偿赠送给未来的合资公司。FD公司还提出国内门业

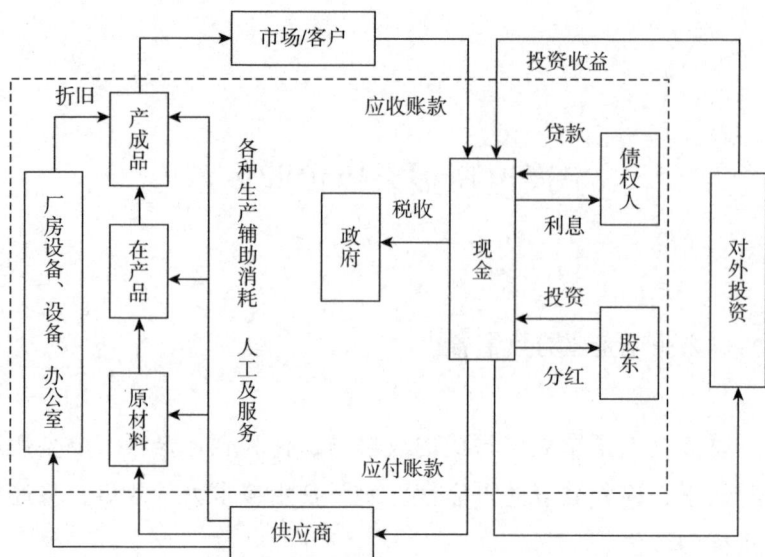

图 4-1　财报是企业经济运行的反映

市场巨大，进一步开拓国内市场或能成为公司未来利润的另一个增长点。H公司已有十多年的经营历史，拥有房屋、建筑物和土地等资产，生产的国内品牌在当地具有一定的市场知名度，未来发展潜力应当不错。

假如你是A公司的老板，你觉得这个建议如何？是不是感觉既能开辟业务，又无须进行额外的固定资产投资，是件美事！

可是A公司的财务顾问提出，需要对H公司的财务状况进行审查。H公司的财报显示，按市场价值计算，H公司资产总额为5亿元，其中应收账款为2亿元，估计坏账率为60%；负债率为7.5亿元，所有者权益为2.5亿元，公司实际资不抵债！即使再入资2亿元，其对合资公司的贡献也为零。另外，盘活H公司还存在安置员工等诸多困难。

因此，A公司认为，H公司是一个烫手的山芋，于是谢绝了FD公司的赠送。

可见，对于"天上掉下来的馅饼"是美味还是烫嘴的"陨石饼"，企业老板必须能够准确判断。在决策之前必须仔细调查，不可只听对方的一面之词，否则可能掉入陷阱。合资、联营、并购是企业运营的常见方式，一般情况下，企业老板很难对对方进行深入了解，而财务报表是老板了解企业信息最有效、最简捷的方式之一。

企业老板通过财务报表可以了解自己的企业，发现企业存在的问题，及时调整经营决策，做到"知己知彼，百战不殆"。老板要学会财务语言，应从读懂财报开始。

◎ 为什么老板要读懂财报

企业老板为保证决策的科学性、合理性，必须掌握企业各方面的信息，而财务报表是投资者收集投资决策信息的最基本途径。即使是最有经验的老板，如果没有用准确的财务报表进行分析，得出的决策结果也极有可能是错误的，并会为此付出高昂的代价。因此，企业老板可以通过财务报表分析财务信息的有效性、准确性和充分性。而要想做到这一点，读懂财务报表至关重要。

一、评价企业的经营业绩

获利能力是企业保持较高且稳定的竞争力的先决条件，而获利能力的强弱通常用反映利润率的指标加以衡量。无论是决策者还是债权人，都十分关注企业的现实获利能力和潜在获利能力，借以评价其经营业绩。任何决策者在做出决策前，都会从财务报表中解读出各种信息，如企业的盈利能力如何，哪些因素影响了企业的盈利能力，企业的自我可持续增长能力怎么样等，从而做出正确决策。

二、诊断企业财务的健康状况

风险与收益是一个统一体内的两个并存的矛盾，二者的关系是整个企业财务管理的中心内容。通过财务分析，老板可借助财务指标判断出企业财务状况是否处于良性运行状态，并据以做出财务决策。追求高收益往往意味着要承担高风险。老板要对企业财务状况了如指掌，时刻关注企业的负债状况，了解企业是否具有财务风险，企业的偿债能力以及经营风险如何，企业是否面临着财务困境或破产的厄运。

三、规划未来的经营策略和财务政策

老板对企业财务信息的比较分析，可以揭示出不同企业的优势和弱点，做到知己知彼，并找出管理的重点与难点，以便适时调整企业发展战略和财务战略，从而正确地评价和决定企业未来的投资项目，调整和制定企业未来的资本结构决策，融资、筹集决策及利润分配决策。

四、引导与优化资源配置

财务报表所提供的财务状况、盈利能力、营运能力与现金流动状况，有助于老板对不同企业的经营业绩和财务能力进行比较和分析，不断调整企业的投资方向与额度，从而引导和促使社会资源向收益好、效益高的企业合理流动，实现社会资源的优化配置。

◎ 从经济活动理解财务报表

这里首先要明确财务报表与财务报告的区别。财务报告包括财务报表和其他应当在财务报告中披露的相关信息和资料。其中，财务报表由报表本身及其附注两部分构成。财务报表包括资产负债表、利润表、资金流量表及所有者权益变动表四张报表。

企业是持续进行经济活动的经济实体，离开了经济活动，企业也就不复存在了。一般来说，任何企业都要进行筹资、投资和经营三种基本经济活动，这三大经济活动之间必须相互平衡，其中任何一个经济活动出现过度膨胀或过度低迷，都会使企业运营失去平衡，陷入危机，导致企业经济损失。经营活动是企业投资、筹资

外的供、产、销三种活动以及与之相关的各种交易和事项，它是企业最基本的经济活动，是企业利润的主要来源。

除了这三种基本经济活动，企业可能还存在一些边缘性的经济活动，如债务重组、存货盘点、捐赠、政府补贴、计提资产减值损失等交易事项。

财务报表的本质是企业各种经济活动结果的分类反映，一般企业最常用也最重要的财务报表是资产负债表、损益表和现金流量表三大报表。

资产负债表总是处于变化之中。企业的全部经济活动都记录在资产负债表中，企业经济活动会导致资产负债表项目的变化，通过资产负债表可以摸清企业的家底。

利润表（损益表）记载的是一段时间内企业的业绩表现或成本变动，利润表主要描述的是企业的经营活动，它是企业的"面子"。通过利润表可以了解在一段时间内企业获得多少利润或遭受多少损失。

通过现金流量表，老板能够充分掌握现金的流向，例如，现金进入公司、在公司内部流通以及流出公司的状况。最先与利润表产生关系的就是销售产品，这之后利润表体现的就是企业经营活动中所支出的各种费用，如所得税支出以及各种研发支出等。这些经济活动与经营有关，所以利润表是一张与经营活动有关的财务报表。但并不是所有的利润都能变成现金，企业的日子过得怎么样，关键就在于企业有没有现金，这些情况就反映在现金流量表里。

从三张表观察企业的经营状况

☺ 读懂资产负债表，摸清企业的家底

通过资产负债表，老板可以摸清企业的家底，真正了解企业的财务状况如何，分析和评价企业财务结构是否合理，了解企业的规模、资产分布情况以及外债内债情况，分析和评价企业资产质量如何，企业资金周转速度的快慢以及是否具有偿债能力等。因此，老板要了解企业，首先就得从资产负债表开始。

资产负债表反映了企业在某一特定日期的资产、负债及其所有权权益的规模和构成等财务状况。企业的资产不管有多少，都有它的来源，出资方对这些资产拥有所有权以及由此带来的经济效益。因此，资金从其来源的角度又可被称为"权益"。自有资金的权益归所有者所有，即所有者权益；借入资金的权益归债权人所有，即债权人权益或负债。资产表示资金的用途和去向，权益和资产构成同一资金的不同侧面。资产构成资产负债表的一半，所有者权益和债权人权益构成资产负债表的另一半。表 4-1 就是 XG 公司 2020 年资产负债表的格式示例。

表 4-1 反映出资产、负债和股东权益的关系，资产负债表分成左右两个部分：左边只有一类，即资产；右边有两类，即负债及所有者权益。它是根据"资产＝负债＋股东权益"的会计平衡公式编制的。

表 4-1　企业资产负债表

编制单位：XG 公司　2020 年 12 月 31 日　　　　　　　　　　单位：万元

资产	年初数	年末数	负债和所有者权益（或股东权益）	年初数	年末数
流动资产：			流动负债：		
货币资金	28554	55030	短期借款	80000	83000
交易性金融资产			交易性金融负债		
衍生金融资产			衍生金融负债		
应收票据			应付票据	65928	36066
应收利息	19182	29202	应付利息		
应收股利			应付股利		
应收账款	63572	104689	应付账款	121406	128302
坏账准备			预收款项	99947	117677
预付款项	112944	116877	应付职工薪酬	3684	3911
存货	285921	202194	应付福利费	1373	880
待摊费用			应缴税费	−179	−964
应收账款净额			其他应付款	9710	13474
其他应收款			预计负债		
持有待售资产			预提费用	19844	12476
一年内到期的非流动资产			一年内到期的非流动负债	20473	
其他流动资产			持有代付负债		
			其他流动负债		
流动资产合计	518501	535236	流动负债合计	437461	406374
长期投资					
长期股权投资	6449	1302			
长期债权投资					
长期投资合计			长期应付款		
非流动资产：			非流动负债：		
债券投资			长期负债		

续表

资产	年初数	年末数	负债和所有者权益（或股东权益）	年初数	年末数
其他债券投资			长期借款	40000	86000
			应付债券		
			优先股		
其他权益工具投资			永续股		
其他非流动性金融资产			长期应付款	6894	11585
其他非流动性资产			专项应付款	0	1179
投资性房地产			其他长期负债：		
固定资产			其中：住房周转金		
固定资产原价	182300	234001	长期负债合计	46894	98764
减：累积折旧	52181	69375	递延税项		
固定资产净值	130119	164686	递延税款贷项		
减：固定资产减值准备	783	1014	其他非流动负债		
固定资产净额	129336	163672	非流动负债合计		
固定资产清理	39				
在建工程	5811	25119	负债合计	484355	505138
工程物资					
待处理固定资产净损失					
生产性生物资产					
油气资产					
固定资产合计	135186	188871	少数股东权益	36984	51019
无形资产及递延资产：			所有者权益（或股东权益）：		
无形资产	21221	39986	实收资本（或股本）	48489	48489
长期待摊费用	16625	16225	资本公积	95677	96012

续表

资产	年初数	年末数	负债和所有者权益 （或股东权益）	年初数	年末数
无形资产及递延资产合计	37846	56611	盈余公积	25909	26975
其他长期资产			减：库存股		
开发支出			其中：公益金	7191	8447
商誉			其他综合收益		
递延资产			专项储备		
递延所得税资产			未分配利润	23303	34952
其他非流动资产					
非流动资产合计			所有者权益（或股东权益）合计	230362	260147
资产合计	714717	765285	负债和所有者权益合计	714717	765285

资产负债表的项目排列顺序是有一定标准的。资产有流动资产、长期投资、固定资产、无形资产和其他资产五大类，按流动性依次排列，流动性强的在前，弱的在后。负债主要有流动负债和长期负债两大类，按债务到期日由近到远的顺序排列，偿债期限短的在前，长的在后。所有者权益按其所在企业的永久程度排列：未分配利润最先流出企业，所以放在最下面；实收资本一般不能动用，所以放在最上面。

一、资产负债表的特点

资产负债表具有以下几个突出特点：

1.资产负债表提供的是时点数据，即每月末企业资产、负债和股东权益的余额。

2.资产负债表通常采用账户式的格式，即左方列示各项资产，右方列示各项负债和股东权益。资产＝负债＋股东权益。

3.资产项目按其流动性大小排列，流动性大、变现快的资产排列在前面，流动性小、变现慢的资产排列在后面。

4.权益项目按其资金来源的长短顺序排列，偿债期限在一年之内的流动负债列为第一个项目，偿债时间在一年以上的长期负债列为第二个项目，永久性的股东权益作为最后一个项目列示。

二、资产负债表的解读

资产负债表非常直观地告诉我们，企业可支配的经济资源是多少、分布在哪里，欠别人的债务是多少、分别需要什么时候偿还，归股东享有的净资产的数量是多少、分别是怎样形成的。但这些仅仅是表层的信息，并不足以揭示事情的本质。隐藏在资产负债表背后的才是关键的东西。要得到更有价值的东西，老板还必须对资产负债表做进一步的分析。对资产的质量进行分析，可以透析企业的状况。企业资产的质量并没有统一的标准，可以用流动性来衡量，可以用增值潜力来衡量，也可以用盈利性作为衡量标准。通常，流动性资产的流动性最强，固定资产的盈利性最强，无形资产的增值潜力最大。

解读资产负债表的过程可以分为一般分析、比率分析和综合分析三个步骤，其步骤和方法可以用表4-2所示来简单了解。

4-2　解读资产负债表的步骤和方法

步骤	解读方法	解决问题	举例说明
一般分析	浏览资产总额	了解企业资产规模大小	A企业2020年年末资产总额为1000万元
	浏览负债、股东权益数额	了解企业是如何取得资金的	A企业2020年年末负债总额为300万元，股东权益为700万元
	分析资产、负债和股东权益结构	了解企业财务结构是否合理	A企业2020年年末长期资产占总资产的85%，说明资产变现能力较差
	分析企业资产质量情况	评价企业资产管理如何，不良资产有多少	A企业2020年年末资产总额为1000万元，其中由于存货损失形成的不良资产为350万元

续表

步骤	解读方法	解决问题	举例说明
一般分析	了解净资产数额	初步从账面上评价企业资本保值和增值情况	A 企业 2020 年年末净资产为 –50（1000–350–700）万元，说明账面上已经出现了资不抵债的情况
比率分析	计算和分析偿债能力比率	评价企业是否具有偿债能力	计算和分析流动比率、速动比率，评价企业短期偿债能力
	计算和分析资产周转率	评价企业资产周转速度快慢	计算和分析存货周转率，评价存货周转快慢和存货管理水平
综合分析	将资产负债表指标与其他报表指标结合起来分析	评价企业资产额资本盈利能力以及现金流量偿债能力等	计算和分析净资产利润率，评价企业资本盈利能力

以表 4–2 为例，首先观察其资产、负债、所有者权益三大类的总额。XG 公司 2020 年年末的资产总额为 765285 万元，其经营规模比较大。年末资产比年初数 714717 万元增加 50568 万元，增幅为 7.08%。从负债总额看，年末负债总额为 505138 万元，比年初数 484355 万元增加 20783 万元，增幅为 4.29%。2020 年年末的所有者权益总额为 260147 万元，比年初 230362 万元增加 29785 万元，增幅为 12.93%。

接着，再看这三大类下的主要项目：

1. 资产类。

在流动资产中，年末货币资金为 55030 万元，比年初数 28554 万元增加 26476 万元，增幅达 92.72%，说明该公司短期流动性较强。应收账款年末余额为 104689 万元，比年初数 63572 万元增加了 41117 万元，说明公司 2020 年度的销售势头良好，但回收的款项存在一些问题，需要经过分析后再下定论。年末存货为 202194 万元，比年初数 285921 万元减少 83727 万元，减幅约 29.28%，需要计算存货的周转速度并结合年末存货的质量做进一步分析。2020 年末 XG 公司的应收账款增幅较大，应阅读其财务报表附注，看公司对该项目的解释，了解其核算内容是否正常。公司大量资金被其他企业占用，无疑会影响本公司的资金周转及其使用效益。在长期资产中，年末的长期股权投资为 1302 万元，比年初数 6449 万元减少了 5147 万元，但固定资产净额年末为 163672 万元，比年初 129336 万元增加 34336 万元。从报表上看，公司本年同时处置了部分固定资产。固定资产的更新，说明公司有旺盛的生命力，其发展前景非常好。

2. 负债类。

在流动负债中，本期增加了短期借款 3000 万元，应付账款增加了 6896 万元，预收款项增加了 17730 万元，其他应付款增加了 3764 万元，预提费用、应付福利费等都有不同程度的减少。此外，本期还偿还了一年到期的长期负债 20473 万元。所有这些使本期的流动负债总额比年初减少了 31087 万元。这说明 XG 公司资金周转灵活，偿债能力较强，企业的财务风险也相应降低。在长期负债中，长期借款的期末余额为 86000 万元，比年初 40000 万增加了 46000 万元。这笔资金来源数额不小，XG 公司可能要进行一项大的长期投资。

3. 所有者权益类。

与 2019 年相比，2020 年年末的股本没有变化，资本公积、盈余公积、未分配利润三项之和增加了 13050 万元。

由这些数据可以分析得出几点结论：

（1）2020 年度 XG 公司资产总额增多，说明公司有效地实现了资产的保值增值。流动资产增加了 16735 万元，说明公司资金的流动性较好，变现能力较强，显示了较强的短期偿债能力；

（2）公司年度内完工了大量在建工程，还对部分固定资产进行了更新，显示出旺盛的生命力和良好的发展前景，也说明公司有较高的资产管理水平和成长能力；

（3）2020 年度内，公司在资产、负债同时增加的情况下，所有者权益比上年有所增加，说明企业的经营权益较好，盈利能力较强。

老板在评价企业的财务状况时，还应考虑到资产负债表的某些不足之处，即它只能反映企业资产、负债、所有者权益在特定日期的存量，不能解释它在本期变动的原因。另一个弊端，就是在资产负债表中，资产的价值主要是按历史成本原则计量的，可能与资产的期末现行价值不符，这在一定程度上会影响会计信息的相关性、有用性。

看资产负债表，不能只看企业的规模（块头）有多大，资产的大幅增长常常给人一种企业发展迅速的错觉，因此还需要进一步看看企业的资金来源，看看这种增长到底是"肌肉"还是"注水的块头"。

◎读懂利润表，掀开企业的"面子"

利润表又被称为损益表，是用来反映企业在一定期间内利润实现（或发生亏损）的主要财务报表。利润表是企业的面子，业绩好企业才显得有"面子"，而"好面子"是上市公司进行财物造假的原因之一。利润表集中提供了有关企业在该期间的收入、费用（成本）及其相互配比后所确定的经营成果的信息，它是企业最重要的会计报表。

企业的经营成果是利润，利润等于收入减去支出，它的大小将影响企业的未分配利润，也会影响企业的资产变动情况。利润表提供的会计信息，可以满足老板的如下需要：

（1）评价企业在一定时期内经营业绩的好坏；

（2）分析企业利用现有经济资源的盈利能力；

（3）预测企业未来的获利能力和投入资金获取报酬的能力。

企业的任何经济活动都是为了赚取利润，没有利润，再多的资产也无济于事。从经济学角度来看，不能为企业带来经济效益的资产不是经济意义上的资产。所以，利润表对企业经济效益的分析显得更为重要。由于经济效益的获得是对资产使用的结果，在分析企业的经济效益时不可能脱离资产，老板在分析资产运用效益时一定是将资产负债表中的资产类项目与利润表中的收益类项目结合起来进行的。

老板不仅要进行简单的比率分析，大致了解企业的收益情况，还要通过资料判断造成企业现状的原因是什么。如果是多种原因共同造成的，还要分别列出各种原因对结果的贡献率是多大。为进一步提高企业的运营效率提供充分的信息，才能做出符合实际情况且切实可行的管理决策。因此，单是简单的利润表对老板来说是不够的，老板不能满足于对这些利润表的一些项目大而化之的了解。

企业的收入抵减费用后形成利润。营业利润、利润总额和净利润是三个不同的概念，利润表反映了这三个指标的计算过程。表 4-3 是利润表的格式。

表 4-3　企业利润表

编制单位：　　　　年　月　　　单位：元

项目	本期金额	上期金额
一、营业收入或主营业务收入		
减：营业成本或主营业务成本		
营业税金及附加		
销售费用		
管理费用		
财务费用（收益以"–"号填列）		
其他业务利润		
资产减值损失		
加：公允价值变动净收益（损失以"–"号填列）		

续表

项目	本期金额	上期金额
投资净收益（净损失以"–"号填列）		
其中：对联营企业和合营企业的投资收益		
二、营业利润（净损失以"–"号填列）		
加：营业外收入		
减：营业外支出		
其中：非流动资产处置损失（净收益以"–"填列）		
三、利润总额（亏损总额以"–"号填列）		
减：所得税费用		
四、净利润（净亏损以"–"填列）		
五、每股收益：		
（一）基本每股收益		
（二）稀释每股收益		

我们依次介绍上表中的各类项目。

"营业收入或主营业务收入"是指企业经常性的、主要业务所产生的基本收入。

"减：营业成本或主营业务成本"是指企业生产和销售与主营业务有关的产品或服务所必须投入的直接成本。

"营业税金及附加"是指企业经营主要业务应负担的营业税、消费税、城市维护建设税、资源税、土地增值税和教育税附加等。

"销售费用"是指企业在销售产品、自制半成品和提供劳务等过程中发生的费用。

"管理费用"是指企业行政管理部门为组织和管理生产经营活动而发生的各项费用。

"财务费用"（收益以"–"号填列）是指企业在生产经营过程中为筹集资金而发生的各项费用。

"其他业务利润"是指企业主营项目产生的利润，等于其他业务收入减去其他业务成本。

"资产减值损失"是企业计提各项资产减值准备时所形成的或有损失。

"加：公允价值变动净收益"（净损失以"－"号填列）是指一项资产在取得之后的计量，即后续采用公允价值计量模式时，期末资产账面价值与其公允价值之间的差额。

"投资净收益"（净损失以"－"号填列），等于企业投资收益减去投资损失。

"营业利润"（净损失以"－"号填列），可用以下公式计算：

主营业务收入－主营业务成本－营业税金及附加－销售费用－管理费用－财务费用（收益以"－"号填列）－其他业务利润＋资产减值损失＋公允价值变动净收益（净损失以"－"号填列）

"加：营业外收入"是指与企业生产经营活动没有直接关系的各种收入。

"减：营业外支出"是指不属于企业生产经营费用，与企业生产经营活动没有直接关系，但应从企业实现的利润总额中扣除的支出，包括固定资产盘亏、报废、毁损和出售的净损失、非季节性和非修理性期间的停工损失、职工子弟学校经费和技工学校经费、非常损失、公益救济性的捐赠、赔偿金、违约金等。

其中，"非流动资产处置净损失"（净收益以"－"号填列）是非流动资产处置收入减去成本及相关的税金所得。

利润总额（亏损总额以"－"号填列）＝主营业务收入＋加：营业外收入－减：营业外支出

"减：所得税费用"是指对我国内资企业和经营单位的生产经营

所得和其他所得征收的一种税，目前的基本税率是 25%。

$$净利润 = 利润总额 - 所得税费用$$

股份有限公司的净利润按股本摊薄后得到每股收益。

企业的收益有五大来源，即主营业务收入、其他业务收入、投资收益、营业外收入、政府补贴收入。主营业务收入和其他业务收入在利润表中统称营业收入。政府补贴收入则作为"政府补助"列入营业外收入。

企业的费用可归结为八大去向，包括企业的营业成本、营业税金及附加、销售费用、管理费用、财务费用、所得税费用，以及资产减值准备、投资损失等。

企业的利润分为主营业务利润、其他业务利润、营业利润、利润总额和净利润五个部分。其公式如表 4-4 所示：

表 4-4　企业的利润各部分的公式

项目	公式
主营业务利润	主营业务收入 - 主营业务成本 - 主营业务税金及附加
其他业务利润	企业业务收入 - 其他业务支出
营业利润	主营业务利润＋其他业务利润 -（管理费用＋财务费用＋营业费用）
利润总额	营业利润＋投资收益＋营业外收支的净额
净利润	利润总额 - 所得税

对利润表的解读，可以帮助老板达到以下几个目的：

（1）了解企业营业收入、投资收益和营业外收入实现多少；

（2）了解企业营业成本、营业税金及附加、营业费用、管理费用、财务费用、资产减值损失、营业外支出和所得税发生多少；

（3）了解企业营业利润、利润总额和净利润是如何实现的；

（4）分析营业收入增减变动如何，营业收入结构是否合理；

（5）分析成本费用构成是否合理，成本费用水平的高低情况；

（6）分析和评价企业盈利能力的高低等。

那么，如何解读利润表？我们仍然用表格的形式来了解和解读利润表的步骤和方法。如表4-5所示：

表4-5　解读利润表的步骤和方法

步骤	解读方法	解决问题	举例说明
一般分析	浏览收入数据	了解收入规模大小	营业收入为2000万元
	浏览成本费用数据	了解成本费用发生多少	成本费用为1400万元，利润总额为200万元，管理费用为150万元，财务费用为50万元
	浏览各类利润数额	了解各类利润多少	营业利润为200万元，利润总额为150万元，净利润为100万元
	分析影响利润的因素	分析影响利润增减变动的因素，找出原因，为挖掘增加利润的潜力提供依据	本年利润大幅度下降的主要影响因素是销售量减少，其主要原因是产品质量不稳定等造成的
比率分析	计算和分析盈利能力比率	评价企业盈利能力	计算和分析销售毛利率、销售净利润率等指标
综合分析	将损益表指标与其他报表指标结合起来进行分析	评价企业营运能力、盈利质量等	计算和分析资产周转率、销售现金比率、现金流量指数

懂得了损益表的解读方法，我们不妨来探究一家企业的盈亏情况。

M公司2018—2019年已经连续两年亏损，2020年该公司的营业利润为-32415.5万元，营业外收入为33095.2万元，营业外支出为158.4万元，利润总额为519.3万元，净利润为488.9万元。如何看待该公司2020年的扭亏为盈呢？

M公司虽然在2020年度成功地扭亏为盈，但其贡献主要来自高达 3 亿多元的营业外收入，营业外收入不具有持续性和可预见性，且该公司经营行为取得的利润依旧为负。因此，虽然该公司实现了扭亏为盈，但如果不持续提高公司经营活动创造利润的能力，公司未来的发展前景仍然让人担忧。而且，根据有关规定，上市公司出现两年连续亏损情形的，交易所将会对其股票交易行为实行退市风险警示，在公司股票简称前加"*"；如果公司继续亏损的话，就会面临暂停上市的风险。因此，不能排除该公司为避免摘牌可能存在的操纵利润的行为。此外，M 公司 2018 年和 2019 年的年报显示，营业利润与净利润均为负数。这进一步证实了靠营业外收入扭亏为盈只是短暂行为，很难持续。

◉读懂现金流量表，感知企业的"日子"

现金流是企业的血液，企业管理最具体的表现就是现金流。现金流量表是企业的"日子"，日子过得好不好，关键在于口袋里有没有钞票。企业在加速前进的时候，千万不能只顾加大马力，却忘了油箱里没油了。企业赚到了钱并不代表有钱花，企业是否有钱、钱在哪儿、钱到哪里去了，了解这些问题，就要看企业现金流，需要从现金流量表开始。

现金流量表又被称为财务状况变动表，老板通过企业的现金流量表，可以发现在某一固定时期内企业的现金增减变动情况。在开展现金流量管理的过程中，老板必须明白，现金流量管理中的现金并非人们手中所持有的现金，而是包括企业的库存现金与银行存款，还有一些现金等价物。简单来说，就是一家企业所持有的期限短、有着较强流动性、很容易将其转变成已知金额的现金和价值变动风险极小的投资等。现金流量中的现金不仅有现金，还有可能随时用于支付的银行存款与其他货币资金。

编制现金流量表的目的，是为老板提供企业一定会计期间内现金和现金等价物流入和溢出的信息，以便于老板了解和评价企业获取现金和现金等价物的能力，并据以预测企业的未来现金流量。

对企业来说，丰收的年头日子好过，赶上"洪涝灾害"，如果没有储备，就只能被饿死。因此，企业必须养成储备现金的习惯，以备不时之需。

对老板来说，现金流量表的作用主要体现在四个方面：

（1）通过现金流量表，老板可以了解企业当期实际收入的现金、实际支出的现金、现金流入流出相抵后的净额，进而分析出利润表中净利润与现金流量之间的差异，进而评价企业的经营成果；

（2）现金流量表可以帮助老板分析企业偿债能力、支付股利的能力；

（3）现金流量表可以帮助老板分析企业产生未来现金流量的能力，从而做出正确的投资决策；

（4）现金流量表可以帮助老板了解企业与现金收付无关，但对企业有重要影响的投资及筹资活动。

现金流量表以现金和现金等价物为基础编制，可划分为经营活动、投资活动和筹资活动。表4-6和表4-7分别是现金流量表和现金流量表附表的格式。

表4-6 现金流量表

编制单位： 年 月 日 单位：元

项目	本年金额	上年金额
一、经营活动产生的现金流量：		
销售商品、提供劳务收到的现金		
收到的税费返还		
收到其他与经营活动有关的现金		
经营活动现金流入小计		
购买商品、接受劳务支付的现金		
支付给职工以及为职工支付的现金		

项目	本年金额	上年金额
支付的各项税费		
支付其他与经济活动有关的现金		
经营活动现金流出小计		
经营活动产生的现金流量净额		
二、投资活动产生的现金流量		
收回投资收到的现金		
取得投资收益收到的现金		
处置固定资产、无形资产和其他长期资产收回的现金净额		
处置子公司及其他营业单位收到的现金净额		
收到其他与投资活动有关的现金		
投资活动现金流入小计		
购建固定资产、无形资产和其他长期资产支付的现金		
投资支付的现金		
取得子公司及其他单位支付的现金净额		
支付其他与投资活动有关的现金		
投资活动现金流出小计		
投资活动产生的现金流量净额		
三、筹资活动产生的现金流量		
吸收投资收到的现金		
取得借款收到的现金		
收到其他与筹资活动有关的现金		
筹资活动现金流入小计		
偿还债务支付的现金		
分配股利、利润或偿付利息支付的现金		
支付其他与筹资活动有关的现金		
筹资活动现金流出小计		
筹资活动产生的现金流量净额		
四、汇率变动对现金的影响		

续表

项目	本年金额	上年金额
五、现金及现金等价物净增加额		
加：期初现金及现金等价物余额		
六、期末现金及现金等价物余额		

表 4-7　现金流量表附表

补充资料	本期金额	上期金额
1.将净利润调节为经营活动现金流量		
净利润		
加：资产减值准备		
固定资产折旧、油气资产折耗、生产性生物资产折旧		
无形资产摊销		
长期待摊费用摊销		
处置固定资产、无形资产和其他长期资产的损失（收益以"-"号填列）		
固定资产报废损失（收益以"-"号填列）		
公允价值变动损失（收益以"-"号填列）		
财务费用（收益以"-"号填列）		
投资损失（收益以"-"号填列）		
递延所得税资产减少（增加以"-"号填列）		
递延所得税负债增加（减少以"-"号填列）		
存货的减少（增加以"-"号填列）		
经营性应收项目的减少（增加以"-"号填列）		
经营性应付项目的增加（减少以"-"号填列）		
其他		

补充资料	本期金额	上期金额
经营活动产生的现金流量净额		
2. 不涉及现金收支的重大投资和筹资活动：		
债务转为资本		
一年内到期的可转换公司债券		
融资租入固定资产		
3. 现金及现金等价物净变动情况：		
现金的期末余额		
减：现金的期初余额		
加：现金等价物的期末余额		
减：现金等价物的期初余额		
现金及现金等价物净增加额		

一、如何通过现金流量表分析企业经营活动

1.通过现金流量表分析经营活动的现金流量。各类企业由于行业特点不同，对经营活动的认定存在一定的差异。对工商企业来说，经营活动主要包括销售商品、提供劳务、购买商品、接受劳务、支付税费等。对一家正在成长的企业来说，经营活动现金流量应该是正数，而且越大越好，这表明企业不仅能轻松支付经营活动中的货款、员工工资及各种费用，还有余力为企业进一步扩张提供资金来源。

2.通过现金流量表分析投资活动的现金流量。投资活动是企业构建长期资产的投资及其处置活动。长期投资是指固定资产、无形资产、在建工程、其他资产等持有期限在一年以上的资产。对一家成长型企业来说，投资活动的现金流量可以为负数，说明企业正处于投资成长阶段。如果投资活动的现金流量为正数，说明企业可能

处在规模萎缩或者战略调整阶段，正在对现有资产进行处置。

3.通过现金流量表分析融资活动的现金流量。融资活动是导致企业资本及债务规模和构成发生变化的活动。资本既包括实收资本（股本），也包括资本溢价（股本溢价）；债务主要是指对外举债，包括向银行借款、发行债券以及偿还债务等。通常情况下，应付账款、应付票据等属于经营活动，不属于融资活动。

融资活动的现金流量的正负取决于经营活动产生的现金流量是否能够支撑投资的需求。如果不能，就需要从资本市场上进行相应规模的融资。一般来说，现金净流量越大，企业偿付债务的能力越强。如果企业某一期现金净流量为负，可能是由于企业扩张等原因造成的。但如果企业现金净流量连续几年为负数，老板就要特别小心了。

有的企业账面上明明看似很有钱，实际上却拿不出钱来，原因就在于它的现金流出了问题。企业所获得的经营上的利润是账面上的财务，而真实的现金流是企业财务管理的表现，这是两个不同的命题。利润和现金流有时间差，它们的经营形态是不同的。利润的核算原则遵循的是权责发生制，它要求现在发生的成本要和现在发生的收入相匹配；而现金流遵循的是收付实现原则，即付出了就是减少了，收到了就是增加了。

举例来说，一家企业在某地段承包了一个广告展示牌位，老板跟广告公司已经谈好，播放两年的广告，当期费用240万元一次性交付。那么，在利润表上，从当月开始，每个月应该计入10万元的销售费用，剩余的费用都放在待摊费用里。但是在现金流量表中要把这240万元一次性在当期的账面上体现出来。由此可见，利润表和现金流量表遵循的是两种不同的账务处理方式。

二、解读现金流量表的方法和步骤

解读现金流量表的过程分为一般分析、差异分析和比率分析三个步骤。其解读的步骤和方法如表4-8所示：

表 4-8 解读现金流量表的步骤和方法

步骤	解读方法	解读问题	举例说明
一般分析	浏览三大类活动现金流量净额	了解企业经营、投资和筹资活动产生的现金流量净额有多少	经营、投资和筹资产生的现金流量净额分别为1000万元、-1000万元和600万元，说明企业投资所需现金，主要是依靠经营活动产生的现金流，其次是筹资活动产生的现金流
	浏览现金流量净增加额	了解企业现金流量净增加额有多少	上例中现金净流量净增加额为100万元
	分析现金流量结构	评价企业现金流量结构是否合理	通过分析三大类活动现金流的分布结构，评价企业以现金流为基础的投资和筹资活动的风险
	分析现金流入和流出的具体项目	了解现金流入、流出具体项目及其金额，评价其合理性	如上例中投资活动现金流量净增为-1500万元，主要是构建固定资产的现金支出
	净利润与经营活动现金净流量之间的差异	分析产生差异的原因，评价其是否合理	净利润为1500万元，经营活动现金流量净额为1000万元，二者的差异主要是由于不付现的折扣和费用摊销引起的，这是正常的
差异分析	计算和分析现金流量的偿债能力比率	评价企业以现金流量偿还债务的能力如何	分析现金流动负债比率，评价企业以现金流偿还短期债务的能力
比率分析	计算和分析有关盈利质量比率	评价企业盈利质量有无问题	分析销售现金比率，评价企业盈利质量

为便于老板理解现金流量表，我们以具体的案例形式来帮助老板理解。表 4-9 是 WK 房地产集团 2015 — 2018 年的现金流量表的部分数据。

表 4-9　WK 房地产集团 2015 — 2018 年现金流量表（部分）

单位：亿元

	2018 年	2017 年	2016 年	2015 年
经营活动现金流量净额	−0.3	−104	−30	8
投资活动现金流量净额	−28	−46	−15	−4
筹资融资活动现金流量净额	58	214	121	−4

从表 4-9 可以看出，该房地产集团的现金流并不轻松。2016 年和 2017 年的经营活动产生的巨额现金净流出，投资活动规模也不小，可能由于企业规模及信誉的原因，该企业具有较强的筹资能力。但是不难看出其资金压力非常大。

经查询企业财务方面的信息获知，WK 集团斥巨资获得 54 个新项目，规划建筑面积总计 1142 万平方米。公司面临巨额的土地出让金及各种工程款项的支付问题。2018 年以来，日渐冷淡的房地产市场使其资金回笼雪上加霜。同时，由于该企业在 2016 年后同一些境外资金进行合作，这些投资也已经陆续进入兑现周期。此外，公司业绩快报显示，依靠"快速开发、快速销售"回笼资金的 WK 集团也与其他房地产企业一样，遭遇销售放缓的困境。2018 年 5 月，WK 集团开始调整其销售策略，通过降价及力推中档房、降价房项目开发的方式维持资金流。

由此可见，利润只是账面上的。"现金为王"才是硬道理，企业做得再大，也得向现金低头。WK 集团的数据也显示了房地产行业的一个特征，即在项目运营前期，需要巨额的现金支出，房地产行业资金压力巨大，只有进入销售环节才能使资金压力缓解下来。企业的日子要想过得宽松点，资金链条不能绷得太紧。当企业要进行投资或新项目建设时，利润不能用来支付，现金才是维持项目持续运转的硬通货。作为老板，尤其要高度关注和警惕企业"地主家没有余粮"情形的出现。

◎现金流量表与利润表比较分析

利润表是反映企业一定期间经营成果的重要报表，它揭示了企业利润的计算过程和形成过程。利润通常被看成是评价企业经营业绩及盈利能力的重要指标，但存在一定的缺陷。

1. 比较经营活动现金净流量与净利润，能在一定程度上反映企业利润的质量。也就是说，在企业每实现 1 元的账面利润中，看实际有多少现金支撑。其比率越高，企业的利润质量越高。但这一指标只有在企业经营正常，既能创造利润又能赢得现金净流量时才有意义。

为了与经营活动现金净流量的计算口径一致，净利润指标应剔除投资收益和筹资费用。

2. 比较销售商品、提供劳务收到的现金与主营业务收入，可以大致说明企业销售回收现金的情况及企业销售的质量。收现数所占比重大，说明销售收入实现后所增加的资产转换现金的速度快、质量高。

3. 比较分得股利或利润及取得债券利息收入所得到的现金与投资收益，可大致了解企业账面投资收益的质量。

◎现金流量表与资产负债表比较分析

资产负债表是反映企业期末资产和负债状况的报表，比较现金流量表的有关指标与资产负债表的有关指标，可以更为客观地评价企业的偿债能力、盈利能力及支付能力。

一、偿债能力分析

流动比率是流动资产与流动负债之比，而流动资产体现的是能在一年内或一个营业周期内变现的资产，包括许多流动性不强的项目，如呆滞的存货，有可能收不回的应收账款，以及本质上属于费用的待摊费用、待处理流动资产损失和预付账款等。

1.经营活动现金净流量与流动负债之比，可以反映企业经营活动获得现金偿还短期债务的能力，这个比率越大，说明偿债的能力越强。

2.经营活动现金净流量与全部债务之比，可以反映企业用经营活动中所获现金偿还全部债务的能力，这个比率越大，说明企业承担债务的能力越强。

3.现金（含现金等价物）期末余额与流动负债之比，可以反映企业直接支付债务的能力，这个比率越高，说明企业偿债能力越大。但由于现金收益性差，这一比率也并非越大越好。

二、盈利能力及支付能力分析

由于利润指标存在的缺陷，可运用现金净流量与资产负债表相关指标进行对比分析，作为每股收益、净资产收益率等盈利指标的补充。

1.每股经营活动现金净流量与总股本之比，可以反映每股资本获取现金净流量的能力，这个比率越高，说明企业支付股利的能力越强。

2.经营活动现金净流量与净资产之比，可以反映投资者投入资本创造现金的能力，这个比率越高，说明企业创现能力越强。

❀不要忽视财务报表中的文字部分

老板想了解会计报表的详细情况和具体内容，还应耐心阅读会计报表附注和财务情况说明书，它们能帮助老板全面、准确地理解企业的财务状况、经营成果和现金流量情况，确保企业经营决策正确无误。

会计报表附注和财务情况说明书是帮助老板正确理解会计报表的重要信息。随着企业业务和企业规模的不断扩大，会计方法也变得越来越复杂，专业性越来越强，没有经过会计专业训练的企业老板通常很难了解会计报表项目的准确含义，这时老板就需要会计报表附注和财务情况说明书的帮助。

会计报表附注是年度财务会计报告的重要组成部分，是充分披露会计信息的重要手段。会计报表附注的主要内容包括企业的基本情况、主要会计政策、会计报表项目注释、重大事项及其对会计报表的影响。

财务情况说明书是对企业报告年度的生产经营、资金周转、利润实现及分配等情况所做的综合说明，是财务会计报告的重要组成部分。在财务情况说明书中，企业用简明扼要的语言介绍自己的生产经营和财务活动的基本情况，总结和分析自己的经营业绩和存在的不足。财务情况说明书是会计信息使用者了解和考核企业生产经营和业务活动开展情况的主要资料。

◎学以致用，将财务报表上的数字炼化为决策指南

无论是财务专业出身的老板，还是非财务专业出身的老板，都需要按照本企业的特点建立适合企业管理的财务报表。尤其是在如今这样一个财务问题大爆炸的时代，经常会有一些热搜新闻登上媒体头条。

例如，2020 年 4 月，瑞幸咖啡被曝出在 2019 年度第二至第四季度期间，伪造了 22 亿元人民币的交易额，相关的成本和费用也

相应虚增。这一财务造假的"自曝"新闻被公开后，瑞幸咖啡的股价当日暴跌 75.57%，市值一夜间蒸发了 50 亿美元。其背后的投资者，包括刘二海基金、沙特投资者均遭受重大损失。

无独有偶，2010 年上市的乐视网，也曾遭受几乎同样的命运。2015 年时，乐视曾用"生态化"的思维，进军电视、手机、体育、影业、金融等领域，创造了企业最辉煌的时刻，其股价节节飙升，最高时达每股 179.03 元，其商业模式看起来光鲜照人。然而，这种光环被中央财经大学刘姝威教授的一篇调研报告无情地打破了。2016 年年底，乐视网股价一路下跌至每股 35 元。

这些企业的问题出在哪里？

当老板去评判一家上市公司的投资价值时，思维往往会陷入天花乱坠的概念中无法自拔，从而忽视了一个非常简单的方法，即看企业财报，要看数据，看企业的"里子""面子""日子"。如果老板与财务负责人一起建立适合本企业的财务报表，向财务负责人学习财报的阅读、分析方法，并逐渐熟练运用，将能够大大减少投机决策的失误。

瑞幸咖啡假账的暴露在于做空调研团队使用了最简单的数人头、算客单价的方法，推演瑞幸咖啡虚增收入的大致比例。乐视的暴露在于它在版权处理上玩了猫腻。电视、电影版权买过来需要摊销在未来的三五年。像优酷、爱奇艺等公司，版权成本起初摊销很多，且时间短，而乐视的版权摊销时间比同业公司要长，并且平均摊销，给股民们造成了假象：乐视运营良好，每年都能有较高的盈利。这两个案例里的问题都是藏在财务报表中的"魔鬼"细节中。

资产负债表、损益表和现金流量表都是按照金融监管标准要求统一编制的，这三张表后面还有由一堆密密麻麻小字写成的附注，专门用来解释三张表中表现"异常"的数字，也需要特别注意。简单来说，财务报表可以说是一家企业的体检表，是企业对内、对外沟通的商务语言。财务人员就是抽血、体检，把企业的各项经营活动量化、记录，制成报表的人。财务报表反映了企业经营的状况，反映了企业的战略意图，反映了企业的未来价值。此外，财务报表也会影响企业的雄心和企图，隐藏着企业的理念和选择，有时也夹带着欺骗和花招。

所以，老板要想做出正确的经营决策，就需要理解企业的哪些经营情况能在报表中体现出来，哪些情况在报表中看不到；需要理解报表在刻意传递哪些信息，可能隐藏了哪些信息。

现代管理学大师彼得·德鲁克认为，一个组织必须有三个方面的绩效：直接成果、价值实现和未来的人才开发。直接成果指的就是销售额和利润；价值实现指的是企业的社会效益，如企业应该为社会提供最好的商品和服务；未来的人才开发可以保证企业后继有人。

我们可以发挥一下，把直接成果改为利润和现金流。利润和现金流其实也是价值实现的体现之一。至于它应该是"合理的"还是"最大的"，每个人的看法有所不同，仁者见仁，智者见智。其实，直接成果就是三张表中利润表和现金流量表中的内容。对企业而言，这两张表是企业经营、投资、筹资活动的结果呈现，同时又是资产负债表的过程呈现。企业不论有什么活动，最终都将呈现在资产负债表中。

读懂了财务三张表，就能描绘出这家企业的大体轮廓。如果说利润表、现金流量表展现的是一家企业的短期（比如一年）经营活动的话，那资产负债表则体现了企业的中长期活动。

既然三张表是企业的标签，那么扬美遮丑、选择性披露，就是编制者的下意识行为。老板要做的，就是挖掘真正的美，看到实在的丑，以便给予客观的评价。

大多数企业都会将利润作为衡量企业经营业绩的最重要的财务指标。但是，当老板去看一家企业的财务表现时，利润表只是开始，重要的是要将利润表、现金流量表和资产负债表进行对比。利润表的重要性在财务三张表中居于首位。利润表秀的是妆容，显摆的是企业的"面子"，要的是"卖相"，取悦的是投资者。现金流量表相当于照妖镜，收入的虚实，利润含金量的高低，从现金流量表里一下就反映出来了。资产负债表秀的是企业的"底子"，圈的是底盘，存放的是抽象而激励企业员工奋进的信念。

当老板完成对财务报表的阅读、分析和理解，最终要达到的境界，反而是先从财报中跳出来，然后再反复进出，最终掌握财报的精妙。财报上只有数字，对于背后的因果关系，还是需要听听专业财务医生的意见。

当然，仅仅看三张表是远远不够的，这三张表背后的股东、业务战略等才是决定三张表可持续性的深层次原因。卓越的老板能运用财务思维，根据"体检表"的结果，对三张表做出健康的判断和决策。而如果想做出正确的决策，老板不仅要懂得怎么看表，更要懂得"体检表"存在哪些局限。

当老板掌握了这些方法，并将其运用到企业中时，他也就掌握了企业经营的"仪表盘"，从而把企业经营的实时动态转化成财务"仪表盘"上的指标，根据需要抓取数据，进行管理决策。

掌握与企业财务有关的经济事项

❁知道企业的资金运行情况

企业老板除了要对财务工作的基本点和财务报表等有初步认识，还需要了解与企业有关的一些全局性常识，如企业的资金运动情况，与企业有业务往来的单位以及财务的分析方法等。

资金运动情况体现了企业资金在经营过程的不同阶段的循环和周转。老板想知道企业的资金运动情况，可从大局了解企业的运营状况。图 4-2 所示的是生产性企业资金运动的流向。

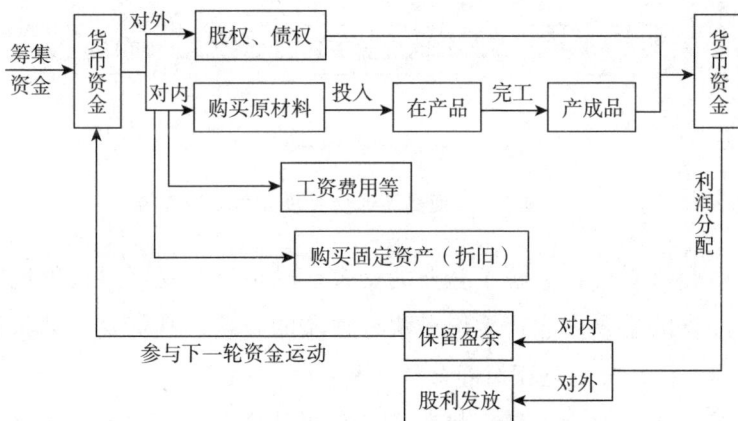

图 4-2　资金运动的流向

一般的生产性企业的资金运动过程包括五大环节，如表 4-10 所示：

表 4-10 生产性企业的资金运动五大环节

环节	说明
资金筹集	从各种渠道筹集资金，是资金运动的起点
资金投入	企业把筹集到的资金用于生产经营或投资，主要是购买、建造和投资的过程，形成各种生产资料，如购买固定资产、原材料和燃料等，进行短期投资或长期投资
资金耗费	在生产经营或投资过程中发生的一些必要的开支
资金收益	企业在销售过程中，将生产出的产品售给有关单位，并按照产品的价格取得销售收入
资金分配	企业获取销售收入后，首先要弥补生产耗费和以前年度的亏损；然后得到利润总额；再根据国家的相关税法规定缴纳所得税，得到税后利润；接着按规定提取公积金和其他法定的应提取项目，分别用于扩大企业积累、弥补亏损和职工集体福利设施；最后将剩余的利润作为投资收益分配给投资者

　　商品流通企业不同于生产性企业，它主要是通过购销活动，组织商品流通，满足市场需要。商品流通企业的资金运动流向通常如图 4-3 所示：

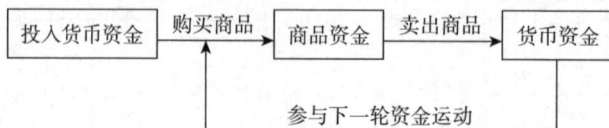

图 4-3　商品流通企业资金运动的流向

　　由此可看出，了解了企业的资金运动情况，就可以快速地熟悉企业经营的主要内容。无论是哪种性质的企业，其资金运动状态都可分为两种，分别是相对静止状态和显著变动状态。

　　资金运动的相对静止状态是指企业总体在一定时点的资金来源与资金运用的具体状况。在资产负债表上，资金来源表现为负债和所有者权益方面，如流动负债、长期负债和投入资本等；而资金运用表现为资产，即流动资产、长期资产等。

资金运动的显著变动状态是指企业发生各项经济业务所引起的资金形态的质的变化，比如从货币资金变成商品、生产设备等，又从商品、生产设备等变成货币资金。

❂清楚谁与企业有财务关联

在企业经营过程中，供应商、客户与企业财务也是有关联的。供应商、客户与企业之间经常会有应收、应付款项及预收、预付款项的联系，如果管理不当，会对企业的财务产生影响，比如信誉受损、坏账增多等。老板也应该了解哪些是与企业合作的供应商，哪些是大客户，以及哪些客户经常拖欠货款等，以便在日后合作时为企业的解决方案提供有效的佐证。下面具体来看看供应商、客户与企业的财务关联。

一、供应商与企业的财务联系

供应商的原材料价格发生变化或者生产效率低使供货不及时等，都会影响企业的采购成本和生产成本。一般来说，企业不会立即向供应商支付原材料货款，此时财务处理上就会对应这笔应付的款项产生"应付账款——××公司"会计科目；如果企业开出的是票据，则会产生"应付票据"会计科目。有时，企业资金周转不灵，会预先支付给供应商定金，此时财务处理上就会产生"预付账款——××公司"会计科目。

二、客户与企业的财务联系

客户是向企业购买商品或服务的企业或个人，企业在向客户销售产品或服务时，要收取相应的货款。

如果客户不立即付款，企业的财务人员会将对应的货款计入"应收账款"会计科目；如果客户开出了商业票据，财务人员要将该笔货款确认为"应收票据"会计科目；如果客户向企业支付了部分货款作为定金，则财务处理会涉及"预收账款"会计科目。

三、其他与企业有财务联系的组织

企业的开户行、地方税务机构等也与企业有财务上的联系。开户行与企业之间主要是与银行存款有关的联系，当企业的库存现金达到上限时，要将超过上限的部分存入开户行账户，会涉及"库存现金"和"银行存款"会计科目；当企业要支付员工工资、采购款和进行其他转账业务时，也会涉及"银行存款"会计科目。当企业向税务机关缴纳税费时，会涉及"应缴税费"和"预缴税费"等会计科目。

透视财务报表，管好企业为股东赚钱的四大杠杆

◎资本撬动资源能力的财务衡量指标——财务杠杆

"给我一个支点，我可以撬起整个地球"。这句话是阿基米德对杠杆作用最好的描述。优秀的老板都会使用"杠杆"。从财务视角看，企业资产经营创造价值的过程，即投入产出的过程被分为四个阶段：资本撬动资产→资产创造收入→收入创造利润→利润创造现金流。这四个过程是通过四大杠杆完成的。如图 4-4 所示：

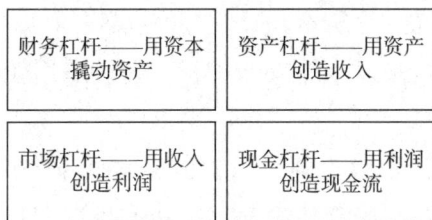

财务杠杆——用资本撬动资产	资产杠杆——用资产创造收入
市场杠杆——用收入创造利润	现金杠杆——用利润创造现金流

图 4-4 企业盈利的四大杠杆

其中第一步是由资本到资产的过程，在这个过程中，资本是股东的投入（即股东权益），资产是企业的财产。企业的财产仅靠股东投入是不够的，这就需要借债（负债），因此就产生了一个等式，即"资产＝负债＋股东权益"。

为什么说这个过程可以为股东赚钱呢？举个小例子来说明，一个投资项目需要 10 万元，该项目投资回报率预期为 20%，若该项目的资金全部由股东投入，则股东的投资回报率就是该项目的回报率

20%；若项目股东投入 6 万元，向银行借 4 万元，利息为 10%，则股东的投资回报率提升为 26.7%＝（10×20% – 4×10%）／6。

由上例可知，投资项目的回报率 20% 高于银行借款利息 10%，回报扣除利息的差额部分就是股东投入资本的回报。通过负债经营增加股东回报的这个过程就是利用财务杠杆的过程。换句话说，财务杠杆就是用资本去撬动资产。

财务杠杆是资本撬动资源能力的财务衡量指标，是一种衡量由固定财务成本产生的财务风险的方法。财务杠杆是指企业资产的债务，它包括合同利息与本金付款。正数值的财务杠杆代表借得的资金产生的报酬率比使用该资金所需付的利率成本高，高出部分对股东有利，因为它会扩大或增加股东的获利。

衡量财务杠杆的一种方法是确认每股盈余如何受含税含息盈余（或营运收入）改变的影响。

关于财务杠杆的使用，有以下几个要点：

1. 财务杠杆＝资产／资本＝资产／股东权益＝1／（1– 资产负债率）。

2. 财务杠杆就是以小博大的过程，即股东用较少的资本控制更多的企业资产。

3. 财务杠杆是把双刃剑，当负债成本低于资产投资回报率时，它能增加股东回报；当负债成本高于资产投资回报率时，它会降低股东回报。企业应尽可能地进行低成本融资。

4. 一般情况下，企业借债是为了扩大经营规模并获取财务杠杆收益。但当企业处于资金链断裂的边缘时，借债是为了生存，而不是为了赚钱。

5. 借债也得有度，当资产负债率过高时，企业会存在偿还债务风险，企业向银行继续借债的可能性也将大大降低。

6. 若企业没有其他投资机会，也没有增加企业经营规模的打算，则可以利用多余的资金偿还债务，以降低债务成本，增加股东收益。

综上，利用财务杠杆进行负债经营可以控制更多资产，可以扩大经营规模，可以增加股东回报，但基本前提是借债成本较低、偿债风险不大。

财务杠杆一旦使用过度，会产生负面效应，主要表现为，因无法负担利息及本金的支付而破产，增加全部资本成本，无法以合理的利率成本及偿还期继续取得融资资金。

❀资源利用效率的财务衡量指标——资产管理杠杆

企业经营赚钱的过程可分解为四个步骤，其中第三步就是由资产到收入的过程，也就是资产周转或资产营运的过程。

资产营运是提高企业效绩的重要途径。资产营运状况一般是指企业资产的周转情况，它体现的是企业占用经济资源的效率情况。企业的经济资源以"资本→资产→费用→收益→资本"的逻辑进行循环，周而复始地持续运转，并在周转过程中赚取利润。

作为企业，其经营目标之一，就是要保证实有资产能够得到有效利用，通过加快资产周转速度创造更多价值。资产利用效率可以反映出企业的生产状况和经营者的资产管理水平，它也是效绩评价不可或缺的内容。

这就涉及用资产创造收入的资产管理杠杆。资产管理杠杆是企业资源利用效率的财务衡量指标，用公式表示为：资产杠杆＝收入／资产。

对企业来说，企业的资产管理杠杆体现了企业资产的运营效率，也就是企业赚钱的效率。这个资产管理杠杆在财务报表中常用资产周转率作为评价指标。

资产周转率可以分为单项资产周转率（应收账款周转率、存货周转率和固定资产周转率等）、分类资产周转率（流动资产周转率和非流动资产周转率）和总资产周转率三类。一般而言，资产周转速度越快，说明企业的资产管理水平越高，资产利用效率越高。信息使用者进行资产运营效率分析，有助于判断企业财务的安全性及资产的收益能力，以进行相应的投资决策。

一、单项资产周转率

单项资产周转率是指根据资产负债表左方项目分别计算的资产周转率。其中最重要和最常用的是应收账款周转率和存货周转率。

应收账款周转率是企业在一定时期内营业收入与应收账款平均余额的比率。它意味着企业的应收账款在一定时期内（通常为一年）周转的次数，反映的是应收账款转化为货币资金的平均次数，可衡量企业收款的流动性。企业应收账款周转率越高，周转次数越多，表明企业应收账款回收速度越快，应收账款的管理效率越高，资产流动性越强，短期偿债能力越强。

存货周转率是营业成本与存货平均余额的比率，反映企业一定时期内产品销售成本与存货占用之间的关系。存货周转指的是从购入存货到卖出存货的全过程。存货周转率是确定企业存货销售快慢的比率，它衡量企业销货能力强弱和存货是否过多或短缺。其比率越高，说明存货周转速度越快，企业存货管理水平越好、效率越高，营运资金投资于存货上的金额越小，则利润率越大，这样会增强企业的短期偿债能力。

固定资产周转率是企业在一定时期内营业收入与固定资产平均净值的比率。它是反映企业固定资产周转状况、衡量固定资产运用效率的指标。固定资产周转率越高，表明企业的固定资产利用越充分，说明企业固定资产投资得当，固定资产结构分布合理，能够较充分地发挥固定资产的使用效率，企业的经营活动越有效。

二、分类资产周转率

分类资产周转率是指根据资产负债表左方资产按流动性分类分别计算的资产周转率，包括流动资产周转率和非流动资产周转率。

流动资产周转率是企业在一定时期内营业收入与流动资产平均

余额的比率,即企业流动资产在一定时期内(通常为一年)周转的次数。流动资产周转率指标不仅反映流动资产运用效率,同时也影响着企业的盈利水平。企业流动资产周转率越快,周转次数越多,表明企业以相同的流动资产占用实现的主营业务收入越多,说明企业流动资产的运用效率越好,进而使企业的偿债能力和盈利能力均得以增强。

非流动资产周转率是企业营运收入与非流动资产平均余额的比率。虽然不常用,但也能在一定程度上反映企业长期资产的总体运营效率。

三、总资产周转率

总资产周转率是指企业在一定时期内营业收入与资产总额的比率。它说明企业的总资产在一定时期内(通常为一年)周转的次数,可以用来分析企业全部资产的使用效率。总资产周转率是营业收入与总资产平均余额的比率,常用来考察企业全部资产的综合利用效率,即企业的资产运用情况及通过使用资产而产生销售额的能力。总资产周转率的高低,取决于主营业务收入和资产两个因素。

如何加强资产周转?这就涉及资产管理问题。

增加收入或减少资产,都可以提高总资产周转率。一般来说,总资产周转率高,说明全部资产经营效率好,取得的收入高,盈利能力强,因而资产的管理水平高。实际上,这一指标的大小与行业性质密切相关,通常资本密集型行业的周转率较低,而劳动密集型行业的周转率较高。资产的周转速度在不同行业、不同类型企业之间的差别是存在的,即使是同一企业在不同的发展阶段也可能会出现较大差异。因此,在评价企业资产周转效率时,要根据不同情况,考虑生产周期和行业差别因素。

❀收入创造利润的财务衡量指标——市场杠杆

企业经营赚钱的过程可分解为四个步骤，其中第三步就是由收入到利润的过程。

这个过程是企业为客户提供产品或服务获取收入，再扣减相应的成本和费用后获取利润的过程。用一个指标来反映就是销售利润率。销售利润率是企业利润与销售额之间的比率。它是以销售收入为基础分析企业获利能力，反映销售收入收益水平的指标，即每元销售收入所获得的利润。

对企业来说，销售利润率也就是企业的市场杠杆。

$$销售利润率（市场杠杆）＝利润／销售收入$$

销售利润率是衡量企业销售收入的收益水平的指标，属于盈利能力类指标。其他衡量盈利能力的指标还有销售净利率、净资产收益率、权益净利率、已占用资产回报率、净现值、内部收益率、投资回收期等。

企业要管好市场杠杆，提高销售利润率，要从三个方面入手，即增收、降本、调结构。

增收即增加销售收入，无非是增加销量，调高价格。当然，价格的调整可能会影响销量，这就要考虑以下几个因素：产品的价格敏感性、产品的市场竞争地位、企业的市场战略。对价格敏感性弱的产品，只要企业产品有竞争优势或垄断优势，就可以适当调高价格；对价格敏感性强的产品，若为了实施快速占领市场的市场战略，则可以适当调低价格。

降本即降低生产成本和期间费用。生产成本包括材料、人工、制造费用等，期间费用包括管理费用、销售费用、财务费用。对上述成本费用的控制要进一步按项目细分，进一步分解到相关责任部门，建立相关的定额和消耗标准，纳入预算控制和绩效考核体系。具体成本费用控制方法有多种，详见本书成本控制的相关内容。

调结构即调整产业结构、产品结构和客户结构。调整产业结构是战略层面的事情，调整产品和客户结构则是经营层面的事情：一方面需要财务部门算清各个产品和客户的毛利率，砍掉那些不赚钱又不具备战略价值的产品和客户；另一方面需要改变对销售系统的考核方式，如增加产品结构调整的考核指标，规定某些高利润产品的销售占比，或者变销售收入提成为利润提成。调结构就是要促使销售部门"不仅要卖好卖的产品，更要卖赚钱的产品"。

❀利润创造现金流的财务衡量指标——现金杠杆

企业经营赚钱的过程可分解为四个步骤，其中第四步就是由利润到现金的过程。

这个过程就是企业如何把从客户那儿赚取的账面利润变成现金流的过程。用一个指标来反映就是现金利润率，即现金杠杆。

现金利润率（现金杠杆）＝现金流／利润

这个公式中的现金流和利润仅指经营活动的现金流和利润，不包含与投资活动和融资活动相关的现金流和利润，因为前者的利润和现金流有关联关系，而后者没有。

现金利润率表明企业每元的销售收入为企业所带来的利息、税收和净利润以及收回的折旧和摊销费用。理论上讲，现金利润率必须不少于税后的经营性净现金。

计算现金利润率，可揭示企业应回收的固定资产折旧和无形资产摊销这些非付现成本（经营性净现金的重要来源）。该指标越高，说明企业销售收入的盈利能力以及回收折旧和摊销的能力就越强；指标越低，说明企业销售收入的盈利能力以及回收折旧和摊销的能力就越弱。

企业要管好现金杠杆，提高现金利润率，可从三个方面下手，即管好应收账款、管好应付账款、管好存货。

1. 管好应收账款，即增加回款率。一是要加强客户信用管理，根据客户的信用等级建立不同的赊销政策，对信用较差的客户甚至要采取现款政策或预收款政策；二是在过程中加强账款核对分析和发货控制；三是制定严格的账款催收制度，明确责任人，控制收款节点和进度，加强责任考核。

2. 管好应付账款，即控制付款率。企业要根据物资市场供应情况和供应商类型制定不同的付款政策，尽可能采取赊销购货的政策，或者利用承兑汇票延迟付款期。当然也不能无故拖延应付账款，因为那会影响企业信誉。

3. 管好存货，即提高存货周转率，缩短存货周转天数。企业要加强原材料库存、生产过程在产品、产成品库存等环节管理，可测算明确企业存货周转天数并分解到每一个环节；要加强销售、生产、采购等环节的协调，尽可能压低库存，缩短生产周期；还要及时处理积压存货，释放资金。

管好应收账款、应付账款、存货这三块，就可以提高现金利润率（现金杠杆），将账面利润变成账户上的真金白银。

在三大财务报表中，利润表和现金流量表是互为表里、相互验证的关系。内生式成长所需要的现金流需要利润来支撑，而利润的质量需要现金流来检验，两者缺一不可。

第五章
老板的财务分析与决策

财务分析也是一种有效的管理工具

◎财务分析不仅是算账的工具，更是有效的管理工具

一、财务分析的作用

对于财务报表，阅读人不同，发挥的作用也不同。内部人（经营班子）看财务报表，目的是发现问题，改进企业管理，提高经营效率；上级单位（控股公司）看财务报表，目的是为了加强监督监管，防止舞弊；外部人（潜在投资者）看财务报表，作用是甄别企业的真实信息，对企业的经营前景与财务状况进行预判。不同人阅读财务报表，其目的都不同，如图表 5-1 所示：

表 5-1 不同阅读者阅读财务报表的目的

财务报表使用者	阅读财务报表的目的
投资者	分析企业盈利能力、股价变动、筹资状况及其风险，为投资、股利分配决策提供依据，并考评经营者业绩
金融机构	分析企业偿债能力与信用风险，为信贷决策提供依据
老板	分析企业财务状况、经营成果和现金流量等，为经营决策及改进管理提供依据
供应商	分析企业财务状况、经营成果和现金流量等，为赊销及长期合作决策提供依据
政府	通过阅读财务报表，为制定政策、税收征管、监管决策提供依据
员工、工会	通过阅读财务报表，判断企业盈利与员工收入、保险及福利之间是否相适应
中介机构	注册会计师通过解读财务报告，为确定审计程序、审计重点及发表审计意见提供依据

财务分析不仅能为财务部门提供各种账务信息，还发挥着管理

工具的作用。其作用体现在以下几方面：

1. 提供经营决策信息。资产负债表、利润表、现金流量表反映了企业的财务状况和经营收益情况，财务报表表面所显示的数据信息是非常有限的，只有对财务报表进行偿债能力、营运能力、盈利能力、发展能力、现金流量方面的深入分析，老板才能获得准确的经营决策信息，明确企业的未来发展方向。

2. 有利于加强企业内部管理。分析企业的盈利能力可以了解企业的收入、成本支出情况；分析销售与采购存在的不足，完善相关管理制度，降低采购成本，合理地加强销售力度；跟踪企业内部管理制度的执行情况，对相关人员进行业绩考核。

3. 加强风险管理。财务分析有助于了解企业的偿债能力、资本结构；通过偿债能力分析，老板可加强对财务风险和经营风险的掌控，有效实施风险防范措施，为企业发展提供良好的运行环境；合理制订筹资、投资计划，充分考虑企业现有的负债、偿债能力、筹资渠道、投资项目获利水平、企业发展目标、市场行业发展趋势等因素，不断优化企业的资本结构。

二、如何让财务分析成为管理工具

老板需要将财务分析融入企业管理中，使之成为企业管理强有力的工具。

肤浅的财务分析类似医生做体检，不过是通过指标对比找出异常数据，也就是找差异、抓异常点。层次更高的财务分析，可结合业务找到异常数据背后的故事，如同给病人下诊断书。能成为管理工具的财务分析，要求财务分析不能仅仅满足于找原因，还要提出解决方案，如同开药方。那么，能成为管理工具的财务分析是什么样的呢？

1. 能成为管理工具的财务分析应以财务数据为依托，分析数据背后的业务。

应由财务部门牵头，相关部门人员参与进来。没有企业相关部门业务人员的参与，财务分析很容易流于就数字论数字。只有财务与业务通力合作，财务分析才有可能切入业务深处，成为管理的工具。做财务分析可分两步走：第一步是数据分析，第二步是业务分析。财务人员对财务数据异常要有足够的敏感，能快速抓住异常可能的原因及后果。财务分析能否起作用，推动业务改进是关键。不能帮助改进业务，财务分析就是形象工程；仅仅改进财务工作，财务分析就是自娱自乐。财务分析需要大胆走进业务、探究业务，找出数字背后的故事，把定位问题变成解决问题，把推脱责任变成分派任务。如此闭环往复作业，便可实现从财务分析到经营分析的蜕变。

例如，某制造企业 A 公司，以下着重分析其资产负债率、设备成新率、营业周期、销售规模、投资回报率等。

A 公司资产负债率为 30%，低于 50% 的行业水平。公司偿债能力强，风险低；财务杠杆效应低，经营保守，规模有较大提升空间。

A 公司设备成新率为 29%，远低于 60% 的行业水平。工业中设备是重要环节，发展后劲不足；主体设备使用均达到 20 年，亟须更新换代。

营业周期为 75 天，远低于 300 天的行业水平。经营资金流动效率高，实质是关联交易、假象；闲散资金亟须找到投资途径。

销售收入规模未过亿元，为国内同行业的 30%。销量较小，意味着过高的单件固定成本影响销售，并形成恶性循环，扩大销售是重中之重。

投资回报率为 3%，低于 6% 的行业水平。过低的投资回报率将打击投资者积极性，不利于再投资，影响合作。

业务分析是指结合业务定位原因，找到问题的症结。我们要着重分析 A 公司市场、成本、投资、现金等方面。例如，A 公司外销市场占比过小，销售对象单一，无法体现规模效应，这对利润及现金流的回收都有较大风险；利润低的原因在于，关联交易设定利润低，边际利润低，固定费用高；设备老化严重，资产盈利能力大幅下降。

A 公司应该寻求新的利润增长点。第一步，要想做到精准，必须具备扎实的财务知识；第二步，要想做到恰到好处，财务人员需把自己融入业务之中。

2. 能成为管理工具的财务分析建议可分为以下三个步骤、五个方面。

第一步，全面财务分析，从财务的角度揭示公司存在的问题、潜在的风险。

第二步，结合业务实际，找出财务数据背后的业务原因，提出解决之道。

第三步，专项分析，找出短板，深挖吃透，重点突破，立项推动解决问题。

可以从以下五个方面着手：

（1）从分析公司特点出发。公司的经营有其特点，在抓住其特点的情况下进行财务分析，有利于做出更有效的判断；

（2）财务三表。通过公司财务报表数据指出需要说明的变化点；

（3）数据分析。对相应财务数据进行对比分析，查找差异点及其原因；

（4）生产经营情况分析，对主要经济指标进行对比分析，查找差异点及其原因；

（5）根据财务分析提出公司现在存在的主要问题点。

3. 能成为管理工具的财务分析应着重提高财务人员综合水平。

财务分析对财务人员的综合水平要求特别高，除了专业知识，财务人员还要掌握政府财政政策、市场发展前景、企业战略目标等，从管理层角度进行财务分析，为管理者经营决策提供更加准确的数据信息。要加大财务人员培训力度，利用互联网环境及时掌握国家经济动态，鼓励其积极参加学术讲座。建立员工激励考核机制，增强财务人员工作的积极性和独立性，提高其综合素质。

财务分析是企业发展决策的关键，老板要有效利用财务分析，加强表外数据分析，提升财务报表分析的质量，完善数据的时效性、准确性、可靠性，充分掌握企业的经营状况，从而制定科学合理的财务决策，促进企业健康可持续发展。财务分析一定要结合实际，服务于业务部门。具体而言，财务分析要指出问题，找出对策，落实责任，到期考核。这么下来，财务分析自然突破了财务的范畴，成了"一把手"工程。

❂老板要了解财务分析方法

老板不仅要了解财务的基本知识，还要学习一些更深入的财务内容，如财务分析方法。常用的财务分析方法有如表5–2所示的四种：

表5–2　常用的财务分析方法

比较分析法	通过两个或两个以上相关经济指标的对比，确定指标间的差异，并进行差异分析或趋势分析，基本表达方式有绝对额比较、百分数比较和比率比较。通过比较可以检查计划或定额的完成情况，一般会用到定基动态比率、环比动态比率	如本年实际净资产利润率为5%，比上年实际净资产利润率降低2%，比行业平均净资产利润率低4%
比率分析法	通过财务相对数指标的比较，对企业的经济活动变动程度进行分析和考察，借以评价企业的财务状况和经营成果。它不是有关指标简单、直接的比较，而是将相关联的不同项目、指标相除，揭示有关项目之间的关系	如各种产品销售收入占总收入的比重，各成本项目占总成本的比率等属于构成比率指标
趋势分析法	又称为水平分析法，是将企业两期或连续数期的财务会计报表中的相同指标或比率进行比较，以确定其增减变动的方向、数额和幅度，揭示公司财务状况和经营成果增减变化的性质和变动趋势。采用此法时，在指标的选用和计算上应保持口径一致	如某公司最近五年销售收入的平均增长速度为5%，呈稳定增长趋势
因素分析法	又称为连环替代法，用来确定几个相互联系的因素对某个财务指标的影响程度，据以说明财务指标发生变动或差异的主要原因。采用此法的出发点是，当有若干因素对分析对象产生影响时，假定其他各因素均无变化，按顺序确定每个因素单独变化产生的影响	如销售收入指标的增减变动差异，受销售量和单位售价增减变动的影响，可以采用一定方法计算这两个因素变动对销售收入指标变动的影响程度，在此基础上进一步找出原因

财务分析工作的主要内容就是分析财务报表。财务报表分析常用的分析方法是比率分析法，其中又包括相关比率和构成比率。

相关比率指两个相互联系的不同性质的指标相除所得的比率。常用的比率有存货周转率、流动资产周转率、净资产收益率、资产利润率、流动比率和速动比率等。

构成比率指某项财务分析指标的各组成部分的数值占总体数值的百分比，常用的比率有流动资产、固定资产和无形资产占总资产的百分比构成的企业资产构成比率，长期负债与流动负债占全部债务的比率，营业利润、投资收益和营业外收支净额占利润总额的百分比构成的利润构成比率等。

对于这两类比率，具体介绍如表5-3所示：

表5-3　比率分析法涉及的各种比率（部分）

比率	含义	用处
流动比率	是企业的流动资产与流动负债的比值，即流动比率＝流动资产／流动负债	主要分析企业的短期偿债能力
速动比率	是企业的速动资产与流动负债的比值，即速动比率＝速动资产／流动负债，其中速动资产＝流动资产－存货	主要分析企业的短期偿债能力
资产负债率	是企业的负债总额与资产总额的比值，即资产负债率＝负债总额／资产总额	主要分析企业的长期偿债能力
股东权益比率	是企业的股东权益总额与资产总额的比值，即股东权益比率＝股东权益总额／资产总额	主要分析企业的长期偿债能力
产权比率	是企业的负债总额与股东权益总额的比值，即产权比率＝负债总额／股东权益总额	主要分析企业的长期偿债能力
应收账款周转率	是企业一定时期内赊销收入净额与应收账款平均余额的比值，即应收账款周转率＝赊销收入净额／应收账款平均余额	主要分析企业的营运能力
存货周转率	是企业一定时期内销售成本与存货平均余额的比值，即存货周转率＝销售成本／存货平均余额	主要分析企业的营运能力
流动资产周转率	是企业一定时期内销售收入与流动资产平均余额的比值，即流动资产周转率＝销售收入／流动资产平均余额	主要分析企业的营运能力

比率	含义	用处
资产利润率	是企业一定时期内税前利润总额与资产平均总额的比值，即资产利润率 = 税前利润总额 / 资产平均总额	主要分析企业的盈利能力
销售增长率	是企业的当年营业收入增长额与上年营业收入总额的比值，即销售增长率 = 当年营业收入增长额 / 上年营业收入总额	主要分析企业的发展能力

◎财务结构合理性的判断

对财务结构合理与否的判断能够看出一家企业的股东对这家企业的普遍性看法。

财务结构 = 负债占总资产的比率

如何判定企业财务结构是否合理？老板要判断企业财务结构是否合理，可以从反映企业财务结构是否合理的三大比率入手，从而轻松得出结论。

1. 净资产比率（股东权益比率）= 股东权益总额 / 资产总额。

该指标主要用来反映企业的资金实力和偿债安全性。净资产比率的高低与企业资金实力成正比，但该比率过高，说明企业财务结构不尽合理。该指标一般应在 50% 左右。

2. 固定资产净值率 = 固定资产净值 / 固定资产原值。

该指标反映的是企业固定资产的新旧程度和生产能力，一般该指标超过 75% 为好。该指标对工业企业生产能力的评价有着重要的意义。

3. 资本化比率 = 长期负债 /（长期负债 + 股东权益）。

　　该指标主要用来反映企业需要偿还的及有息长期负债占整个长期营运资金的比重，因而该指标不宜过高，一般应在 20% 以下。

　　如果一家企业负债占总资产的比率很低，那表示股东非常看好这家企业。对状况不好的企业，股东都不想加码投资，企业只好不断寻求外部资金，如银行贷款、公司债等。

透视财务报表，精准管控财务信息

◎要求财务部门注重提供管理会计信息，支持领导决策

科学有效的财务信息在企业管理决策的制定中有着重大意义。

企业决策信息来源于会计数据。企业管理需要有丰富的数据支持，针对既有管理信息进行归纳整理，能够提高信息的准确性和实效性，从而提高企业管理的针对性，提升管理能效。只有严密的组织框架才能保证会计业务的有序开展，在企业各项规章制度的规范下，财务会计信息的真实性、完整性才能得到保证。财务信息分析，能够为企业管理决策的制定提供更有效的信息支持，从而提高企业管理决策的准确性。

企业各项管理决策是否科学有效，很大程度上取决于财务信息的质量。这就要求财务部门要注重提高财务信息质量，保障信息准确性，以支持领导决策，更好地服务于企业管理。

财务信息需要具备精准性、时效性和系统性的特点。为了提高财务信息的准确性，企业必须强化财务管理能效，严格执行各项核算制度，加强财务队伍管理，明确岗位职责，结合财务管理特点建立完善的内部控制机制，充分发挥财务管理的监督指导作用，提高财务人员的职业素养和职业道德，为提高财务管理能力提供坚实保障。

❀基于财务信息来改善管理绩效

　　财务报表分析属于事后分析。基于财务信息的结果，老板可以对企业进行全面分析，找出管理行为和报表数据的关系，以期实现通过管理来改善企业未来的财务状况和经营业绩的目的。内部分析可以使用公开报表数据，同时充分利用内部资料如预算、计划数据、成本数据、业务活动资料等，使得资料来源更丰富，内容更全面。

　　财务信息能够反映出企业多部门的经营运作情况，能为企业老板提供更丰富的决策依据，尤其是在企业新品研发、市场调研等活动中，财务数据能够对项目成本、资金流动以及市场收益等情况做出直接分析。老板可以通过数据分析掌握企业动态发展形势，进而做出科学决策。

　　老板要认识到财务信息的重要性，也要认识到财务信息并不是企业管理依据的全部内容，在制定企业管理决策时，要结合财务以及其他形式的多元信息，以提高企业管理的针对性和有效性。比如，在制定企业发展战略时，要结合财务信息和市场环境信息、客户需求信息等。只有多元化的信息应用才能使企业管理更加科学有效，同时更有利于企业了解市场，根据市场需求做出科学决策。

　　通过财务信息，老板能够全面了解企业的经营发展情况，并能够客观评价企业资金的应用效率、企业资金的流动情况等。通过财务信息，老板可以对企业未来发展形势进行分析，综合评价企业的盈利能力、竞争能力、创新能力等；结合企业发展战略制订经济发展计划，对目标执行情况、执行偏差等情况进行分析。通过财务信息，老板可以及时纠正企业管理中出现的问题，尽快制定科学的问题解决对策，避免企业管理失误，进一步提高企业管理效率。

在信息环境下，传统企业管理模式需要进一步改造升级，在引入现代管理理念的同时，强化内部监管；通过信息化管理促进企业管理能效升级；通过财务信息的应用提高企业决策的有效性；通过规范的财务数据分析使企业找准市场定位、完善自身管理短板，改善管理绩效，进而促进企业综合竞争力的提高。

◎强化信息挖掘，开展财务和经营分析，监控企业运行

企业财务报表中的大量财务信息，来自不同部门或者不同分支机构，这就需要强化信息挖掘，保证财务信息的完整性和统一性。企业要制定统一的财务信息执行标准，在各类财务指标的应用上具有一致性，能够在统一的财务管理系统内完成财务信息的沟通交流，保证不同部门财务信息具有可比性。各类企业调研或者实验数据也需要进行量化分析，从而拓展财务信息的应用范畴，更好地服务于企业管理。

网络中的数据多、杂、乱，财务数据的挖掘及应用成为对财务工作者全新的考验。企业只有重视财务数据的挖掘和应用，不断提高财务管理水平，才能在市场竞争中占据有利地位。

在大数据背景下，财务信息的挖掘及应用，能不断提高企业信息利用率，有效提升财务人员的工作效率。通过数据挖掘技术大大降低人工分析整理的人力、财力，有效提高数据分析的准确性，减少人工计算错误，有效提高企业经营效益，对企业可持续发展十分有利。企业财务人员应与时俱进，不断转变财务管理观念，学习和应用全新数据信息挖掘技术。

成功的财务分析需透过数据，找出企业的病灶。比如，销售收入下降，有研发设计的原因，有成本价格的原因，有质量的原因，有广告宣传的原因，但根本原因可能是研发设计不够时尚。如果不能拿捏住它，所做的分析将是肤浅的，甚至可能是有误导性的。财

务分析应以财务数据为依托，分析背后的原因。

优秀的财务分析报告，一定是结合业务进行的，能够定位业务问题，并且帮助解决。做财务分析报告有三个层次：第一个层次，简单的数据比较，找出异常；第二个层次，对数据异常的原因做出解释；第三个层次，找出业务原因，然后定位出问题点，并提出相应的解决方案。

经营分析是财务分析的升华。财务分析一定要结合实际，服务于业务部门。具体来说，财务分析要指出问题，找出对策，落实责任，到期考核。如此，财务分析自然突破了财务的范畴。企业实用主义至上，做任何事都要体现价值，财务分析也不例外。

经营分析与财务分析是你中有我、我中有你的关系，看似不同，却又相同。经营分析是针对财务分析发现的问题，结合业务所做的更深入的专项分析。财务分析定位问题，经营分析解决问题，从这点看，经营分析更重要，是财务分析的升华。财务分析是财务部门负责人的工程，经营分析是企业老板的工程。

❀统一集团财务信息，保证集团信息的对称性、一致性、可比性

企业发展到一定阶段，会形成规模化和集团化的特点。集团公司是以资本为纽带，由母公司、子公司、参股公司和其他成员企业或机构共同组成的法人集合体。

集团公司对子公司的财务管控有两种，一是履行监控职能，二是贯彻总部管理意图。其主要手段包括人员管理、财务管理、账务管理。

子公司毕竟是一个独立的法人实体，有其利益诉求，因为信息不对称，经营层的道德风险随时可能发生。集团总部也害怕因信息

不对称，子公司欺骗总部，但又顾虑管得太多或太少易造成管理失控。为了解决母公司与子公司信息不对称的问题，集团总部势必会加强对子公司的监管，实行财务集中统一管理。对新成立的子公司或新收购的子公司，集团财务部门首先会给新子公司换上集团统一要求的财务软件，并进行财务初始化，统一录入集团规定的各级会计科目，并使用公司统一的会计制度和财务流程。在财务信息输出上，统一体例，统一标准，所有子公司一盘棋，这样既能极大降低内部沟通成本，又容易让集团财务管控的要求落地，有利于实现财务信息模板化输出，统一集团内的会计语言，最大限度地提升集团整体的财务工作效率。

很多集团为了达到标准的完全统一，推出了一种新的账务管理模式——建立财务共享中心。建立财务共享中心是当今集团公司财务管理的趋势，其本质是集团总部把分公司的账权收上来，加强监管，会计核算完全独立于业务，从而完全切割开财务会计和管理部门。这种财务共享中心之所以能集权，有信息化、网络化的便利，也有集权形成的利益驱动，如成本更低、监控能力更强、效率更高。

一方面，财务集中管理通过网络技术实现会计的集中核算，将集团子公司的财务会计数据集中于母公司，使母公司可随时调阅各子公司的财务数据，并随时生成集团汇总合并报表，消除集团母、子公司信息不对称的弊端；另一方面，通过成立资金结算中心和财务公司将集团母、子公司的资金进行集中管理，可实现集团所有下属单位资金的集团内循环，有效降低集团的资金成本和财务风险。

老板通过透彻掌握财务报表，深入解读财务报告，可监控企业运行，有效掌控企业经营大局。例如，通过阅读财务报表，可快速捕捉关键财务信息；通过分析财务报表，可有效识别报表粉饰和造假；通过透视企业经营状况，有效提升企业的经营管理；通过财务分析方法和工具，准确把握企业的经营状况。此外，还可通过财务信息建立企业内控体制和风险管理体系，从中进行财务诊断和动态风险管理，例如，了解企业疾病发展的规律、了解财务诊断中的特殊问题分析和财务诊断报告的出具，财务运行良好的大型企业还可以根据财务信息做出企业市值管理和战略并购决策。

财务分析的有效性

❁影响财务分析有效性的因素

一、财务信息的质量

1. 会计造假。指会计人员在会计核算和报告过程中，不遵守国家法律法规和准则制度，编制虚假财务信息的行为。会计人员可能因为业绩提升、绩效考核而人为调整财务信息，一些上市公司也会因为保留上市资格或因再融资等要求而提前确认收入，任意改变会计核算方法。虚假的财务信息只会误导投资者做出错误的决策，因为财务分析的有效性无法得到保障。

2. 错误的会计政策和会计估计。在不违背会计准则的情况下，某些经济业务可以有多种会计处理方式，即可以进行会计政策的选择，比如，发出存货成本的计量方法是采用加权平均法还是移动平均法、投资性房地产是采用成本模式计量还是公允价值模式计量等。对同样的会计事项选用不同的会计政策，会产生不同的财务信息。会计估计也会影响会计信息的质量。会计估计的运用主要依赖于会计人员的专业判断，比如，固定资产折旧年限的长短、残值金额的多少。会计估计的结果会受会计人员的职业素养或其他因素的影响，进而影响会计信息的可靠性。会计政策的选择和会计估计均不能违背现行会计准则。

3. 信息披露不充分。许多企业不愿主动披露财务信息或不提供详细的财务信息，对非财务信息和自愿性披露的信息更是呈消极回避之态。尤其是当该信息的披露关系到企业法律纠纷、商业秘密或者竞争优势时，企业一般不会主动披露。这会使财务分析人员无法获取足够的资料来源作为判断依据，从而降低了财务分析的可靠性。

4. 内控制度不健全。很多企业由于内控制度不完善，时常会发生资金混乱、资金挪用、小金库私设等现象，甚至出现隐瞒、坐支预算外资金，挤占、挪用、滞留专项资金的现象，导致组织运行失常，而由此产生的会计信息的可靠性必然不高。

二、企业的外部环境

企业的生产经营不能离开外部环境，当外界的经济、政治、社会等因素发生变化时，企业的经营做出相应的调整，财务行为也会相应发生变化。财务分析要想客观反映过去的财务状况，并预测未来的发展趋势，必须充分考虑外界环境变化对企业的影响。而外界的金融政策、税收制度、资本市场、外汇市场等都在不断变化，有效的财务分析更需要拨开外界环境的迷雾，探寻企业的真实状况。

三、分析人员的素质

财务分析人员的职业素养在很大程度上决定了财务分析的有效性。系统地掌握理论知识且经验丰富、目光敏锐的分析人员，不仅能很好地解读财务指标的意义、采用合理的分析方法分析问题，还能结合经济环境、行业环境和企业自身的特征综合分析，深入研究企业财务状况，避免单纯依靠个别指标而得出简单片面的结论。

四、分析方法和财务指标

各种财务分析方法都以历史数据作为分析依据，缺乏前瞻性。财务指标的高低通常被作为评价财务的标准，但由于不同企业所处行业不同，财务标准也应有所不同，缺乏统一的指标作为计算口径，使财务指标计算结果缺乏可比性。即使相同行业的企业也会因为所处的生命周期、经营决策、财务决策等不同，无法使用同行业标准进行横向比较。指标衡量标准的不可比，给企业财务指标体系的有效性带来了障碍。

◎提高财务分析有效性的建议

一、严格遵守内控制度，提高财务信息质量

真实可靠的财务信息是财务分析的基础，必须遵守相关的内控制度，确保会计信息真实可靠，使财务信息全面地揭示经营和财务总体情况，从而为分析者提供有用的信息和资料。同时完善各岗位职责，建立健全现金管理制度、财务管理制度、财务预决算制度、内部审计实施办法、支票管理制度及印鉴管理制度等，多方面确保信息的有效性。

二、充分了解企业特征，全面收集信息资料

老板要深入挖掘财务信息就必须收集足够的信息资料，包括企业内部和外部的信息。对企业内部情况，如组织结构、财务制度、竞争优势等，要尽量获取客观、可靠的资料，并进行筛选、核实和整理，以提高信息的有用性。对外部信息比如市场的供需情况、行业竞争状况、资本市场和特殊事件的影响等，也需要关注。只有充分掌握企业内外的情况，分析出主要的影响因素，剔除特殊事件对会计信息的影响，才能提供全面有效的财务分析。

三、提高分析人员的素质与能力

财务分析人员不但要熟练掌握财务分析的方法，更要注意提高自身的综合素养，熟悉国家的政策法规，充分了解行业特征和市场状况，从多角度、多层次，运用多种方法进行财务分析。另外，还应有敏锐的洞察力，从有限的资料中进行深入剖析，寻找线索，发现问题并采取措施。

四、运用合理的方法综合分析

各种财务分析方法和财务指标在运用时都有其局限性，但它们

可以从不同角度反映企业的情况，所以，在财务分析过程中可以利用各种指标之间的内在联系，将多种分析方法有机地结合起来。财务指标主要反映的是企业目前的状况，是静态的、定量的分析。在做财务分析时，还需考虑可能对企业将来财务状况产生影响的因素，如宏观经济形势的走向、重要政策的变更、企业内部环境和成长潜能等，进行定性和动态分析。将定量和定性分析相结合，静态和动态分析相结合，全面地反映企业的整体财务状况。

优化企业财务分析

❖现行财务分析的局限性

一、财务分析的客观局限性

综观财务报表分析领域，报表本身存在的局限性成为制约财务报表分析作用发挥的首要因素。

1. 分析报表的局限性。财务报表是以客观的历史数据为依据反映企业的现状，缺乏动态性。因为经济资源的制约，报表信息不能完全反映企业的一切经济资源。同时，财务报表中的数据是历史数据，在不同时点其实际价值不同。

2. 分析维度的局限性。随着社会的不断发展，企业内外环境的变幻莫测，特别是外部的竞争越发剧烈，现有的财务分析指标无法满足财务分析的需要，企业的获利能力、营运能力和偿债能力也很难被真实反映出来。

3. 分析对象的局限性。目前的财务分析基本都是标准化的模板，以不变应万变，不同利益相关者的需求差异未得到重视，分析部门还不能面向不同群体提供个性化、定制化的财务分析。

二、财务分析的主观局限性

1. 财务人员业务素质结构有待提升。财务人员的成长路径相对单一，财务管理相对滞后，缺乏财务战略支撑，有些人员只了解本岗位范围内工作，对其他业务领域知之甚少，思维逐步固化，喜欢以我为中心，排斥换位思考，久而久之走出去横向交流的意识越发淡薄。

2.财务分析与实际业务结合不紧密。财务分析不能"深入一线走下去",对差异的分析只停留在表面,很少深入实地调研,不能掌握公司运营的一手信息和数据。

3.财务信息化建设力量薄弱。许多企业财务管理信息过于分散,尤其在大型企业的自身部门设置与义务管理中,许多下属部门出于自身利益考虑,山头主义严重,通过掌握核心数据信息来争取部门在企业内部的话语权,使部门之间的数据信息无法畅通,公司层面获取的数据不完整,导致整个决策层的决策偏颇。

◎优化企业财务分析的措施

一、针对财务分析客观局限性的措施

财务分析指标在企业财务报表中有着举足轻重的作用,正确使用可提高老板的决策水平,并对融资和投资决策以及财务管理的其他内容起着至关重要的作用。

1.综合考虑企业财务信息,加强动态分析,加深企业信息披露。财务报表记录企业的财务数据,对企业其他非财务数据介绍较少,从而缩减了信息使用者的分析依据。所以,企业在财务报表中除了要突出企业的各项资产信息,还要适当披露其承受的内外环境风险等信息。同时,要完善对财务报表附注的分析。为避免简单的财务指标给报表使用者造成误解,需要通过财务报表附注对报表本身进行补充与详细解释。为给报表使用者提供更加科学、有效的决策依据,在进行财务指标分析时,除了关注财务报表中的财务数据,还要结合报表附注中的其他信息,准确评价企业的各方面能力。

2.平衡所有者和经营者的利益。随着企业的日益壮大,企业所有权和经营权也开始逐渐分离,但二者因利益关系无法达到平衡。

企业可以通过适当的奖励、股权的分配，提高经营者对企业经营业绩的关注度，并建立适当的激励和约束机制，限制经营者的行为，减少、制衡经营者的权力。作为企业所有者的老板，要将信息进行均衡分布。

3.重视非财务信息的分析。为及时向利益相关者反馈其所需的决策信息，传统财务指标难以洞悉企业存在的问题，因此，有必要在原有的财务分析指标基础上引入一些对企业发展至关重要的非传统财务分析指标，比如市场占有率、产品质量、人力资源指标、市场风险和服务指标等。

二、根据报表使用者的需求，制定财务分析的侧重点

财务分析报告是企业与其所有的利益相关者实现信息沟通的纽带和桥梁，不同的利益相关者对分析报告关注的侧重点各不相同。这里以老板为例，阐述如何制定财务分析的侧重点。

1.决策层的财务分析侧重点。决策层（股东会、董事会和监事会）在企业信息的获取上有着高度的一致性和认同感，他们立足于最高决策层，通过企业战略层面的核心指标进行决策，把控企业未来发展方向。财务分析的侧重点应体现在企业投资回报能力、盈利能力、偿债能力三个方面。

2.经营层的财务分析侧重点。经营层负责企业的经营运作，希望得到较为详细的经营指标以及财务数据背后所揭示的业务背景和运行状况，包括相关的经济环境、特殊财会税收政策、内控风险关键点以及在同行业的竞争地位，从而揭示企业经营业务过程中存在的问题。其侧重点在于企业的偿债能力、资本结构、盈利能力和发展能力四个财务指标：经营层要根据企业的债务情况、融资能力以及盈利能力，审慎安排企业的融资情况和偿债资金，确保企业不出现流动危机甚至债务违约，维持企业稳健运行；通过资本结构指标来判断企业是否存在债务危机，了解企业的经营发展状况，在合适的生产或者经营规模下推动资本杠杆的运用，确保企业净资产收益的最大化；通过营业利润率、总资产报酬率、净利润现金比率来直观地观察企业的盈利状况，对现有的经营水平以及将来的盈利能力进行分析，制订战略规划，对盈利较差的条线进行重点培育或者剥离，对盈利能力较强的条线或者工作方式进行发掘并推广；最大效率地利用企业的各项资源并激发其活性，利用总资产增长率、净利润增长率等指标掌控企业在一定时期内的经营发展状况，优化业务发展策略，提高企业活性和发展能力。

基于决策层战略的导向和安排，经营层需要关注能够反映市场占有水平、市场风险、产品质量、人力资源以及服务能力的核心指标和政策文件。

3.经理人的财务分析侧重点。经理人是企业的中坚力量，重在贯彻经营层所制定的重大决策、监督和协调执行层的工作、服务于企业管理工作等。经理人更注重控制企业成本、高质量地分配企业资源、调动员工主观能动性、控制企业内部风险、提高企业竞争力。在财务指标上，侧重于企业的偿债能力、盈利能力、盈利质量指标、营运能力指标、成长性指标以及与主营业务相关的成长性指标，尤其要关注短期偿债能力。

在非财务指标上，经理人需要关注市场占有率，挖掘企业的经营潜力，不断了解新产品与新技术的出现、需求情况的变化，指导执行层运用各种市场推销手段，向市场的深度发展，从而提高公司市场的占有率，同时不断提高产品质量。

三、针对财务分析主观局限性的措施

1.加快素质提升，适应变革要求。人工智能将逐步替代传统思维下的工作职能，未来的企业岗位设置将朝着复合化、多元化发展，单一、纯粹的岗位将不复存在，财务工作将被赋予更为丰富的内涵，求新思变必将成为新常态。财务人员必须把握并适应这种变化，方能立于不败之地。财务决策层必须未雨绸缪，抓住业财融合这一契机，完善纵向的业财融合交流制度体系，为财务人员华丽转身提供制度保障。此外，加强横向的财务人员轮岗交流，丰富和扩展财务人员的专业视野，使财务人员由专才向通才过渡，为企业的快速发展提供智力支持。

2. 完善财务管控模式，深化业财融合。数据经济时代的到来必然改变传统的思维模式，创新的管控服务型财务共享，强调业财融合，而业财融合首要的就是在组织流程设计上实施变革。至此，财务人员的业务边界也将越发模糊，财务与业务的融合将被提高到前所未有的程度。在这种新型管控模式下，财务人员必须擦亮眼睛，主动为业务把脉，与业务部门共同找出经营管理的痛点，走出"纸上谈兵，办公室决策"的怪圈，实现纵深到底的财务垂直管控，提高财务分析的有用性和针对性，发挥财务价值创造功能。

3. 打破数据藩篱，加快大数据建设。随着企业规模化和市场的瞬息万变，应加快各业务线的信息化建设，将数字信息化建设上升到企业战略层面，消除各子系统间的藩篱，统一数据口径，保持信息传递通畅，提高资源使用率，实现企业全生命周期的大数据协同管理，确保各子系统间数据信息的无缝衔接，为企业决策分析提供及时、精准、全面的数据支持。

财务预测与规划

◉财务规划不清晰会将企业带入死路

有的企业生命周期非常短，几个月就倒闭了，使老板多年的辛苦积累付诸流水。虽然企业倒闭的各种原因数不胜数，但总体来说，仍可归结为企业自身的问题。针对企业倒闭原因，在财务方面我们主要归纳出以下几点：

1. 负债过多，超出自身现金流量，超过自己的偿债能力。担保公司担保的贷款，是所有贷款里金额最大的。在正常情况下，企业拿不出这么多钱，需要依靠过桥资金，而在危急时刻，又难以借到过桥资金。

2. 只顾规模，没有利润。由于企业财务规划不清晰，企业虽然经营多年，却一直难见利润。

3. 固定资产被大量占用，影响生产设备的更新，难以实现生产能力的提升。

4. 风险处置不合理。企业在短期内倒闭，大多数是因为危机应急机制不到位。

◉企业的发展规划与财务目标

某报上曾刊登过这样一则报道：300条鲸鱼在追逐一群沙丁鱼时，不知不觉被困在了一个海湾里。国外有学者评论道："这些小鱼把海上巨人引向死亡。"而我们也可以说，这些鲸鱼只顾眼前利益而耗空实力，最终陷入了死亡的境地。

这个故事告诉我们，企业在设定财务目标时，目光应是长远的而非短浅的，内容应是全面的而非片面的，内涵应该是战略性的而非急功近利的。从客观上来讲，任何一家企业，都在追求最大化的利润，这是无可厚非的，利润代表了企业创造的财富，利润越多，企业的财富增加得越多。且在市场经济条件下，获利多少表明了企业竞争力的强弱，所以把利润最大化作为企业的财务管理目标是有一定道理的。

但利润最大化不能成为企业的最高理财目标。原因就在于，利润最大化未考虑到取得利润的时间（由于资金时间价值的影响，当年的 100 万元跟上年的 100 万元是不等值的），也没有考虑取得利润与投入资本间的关系；利润最大化容易使企业冒险，造成财务危机和生存困境；利润最大化会给企业财务决策带来过多的短期行为，拼资源，拼设备，图一时之发展，而使企业缺乏发展后劲。

老板应吸取"追逐沙丁鱼的鲸鱼"的教训，把理财目标定在企业战略发展的层次上，注重如何在未来赚更多的钱，为企业近期和远期利益的取得、为企业资产的保值增值做好充分准备。

❄放眼未来，做好财务战略规划

财务战略规划就像指引企业达成财务目标的卫星导航。就其内部管理来说，可以通过年度预计财务报表的编制，预测企业的未来成长状况以及资金需求情况，让企业预先拟定对策。

就投资评估来说，必须进一步研判企业财务预测的可信度，以避免投资于有财务危机疑虑的企业。一旦财务报表里的数字出现警讯，就表示该企业的营运危机已经到了相当严重的地步。

　　总体来说，许多企业的财务发生问题，都和过度乐观的营运预期有关。过分高估的财务预测使得资金周转出现困难，而一旦资金周转不灵，即使拥有再好的技术与竞争优势，企业也难以继续营运而面临倒闭。因此，财务预测和战略规划对企业的生存发展影响相当大，老板要熟知预测的方法，确实执行财务规划与预测。

　　财务战略规划的精髓在于，企业在面对未来的不确定性时，能够经由现实的预估与预测，了解各种不同的情况，并以不同的策略予以应对。最乐观的情况是，当老板预期企业的情势持续上升，产品可望更加畅销时，表示企业对未来做出了乐观的假设。为促进销售额增长，企业有必要扩充投资或提高产能利用率，以产生资金需求。此时老板应先了解，目前资金是否足以应对营运所需，如果不足，要思考融资渠道以及融资方式等。

　　最悲观的情况是，预期未来情势一片大好，然而事与愿违，不但销售额没有增长，仓库里还堆了满坑满谷的存货！老板在进行财务战略规划时，必须考虑到最悲观的情况，预想企业该如何渡过难关。

以财务分析结果指导老板的经营决策

❀财务报表在企业经营决策中的应用策略

一、结合财务分析验证经营战略的合理性

财务分析是一个信号，它揭示出不同发展阶段消费者需求的变化，为不同阶段的消费者需要提供不同的服务，前提是基础设施要夯实。"一带一路"倡议为企业进行国际扩张的准备工作提供了更加广阔的舞台，在验证着企业经营战略有效性的同时，也提醒着企业要及时针对相关政策可能发生的变化进行分析，根据财务报表分析调整企业的经营战略和经营计划。

财务数据能够较为直观地反映出一家企业的盈利能力和经营状况，而经营状况的好坏很大程度上取决于企业经营战略的制定。经营战略是企业经营的重要纲领，良好、规范的财务分析可以推动科学的经营战略的制定和调整。因此，财务分析是及时验证和调整企业经营战略的极为重要的工具，它在一定程度上影响着企业的发展。

二、坚持不懈地落实和更新经营战略

经营战略是立足于企业长远发展而制定的行动纲领，企业制定的正确的经营战略需要被长久实施下去。为了企业未来能够更加健康快速地成长，企业一定要不变初心，始终坚持企业既定的、符合国家和时代发展要求的经营战略，做开拓中高端业务的领头羊，树立企业在行业中的地位。同时在分析本企业和同行业财务数据的同时，关注行业市场环境的走向，推陈出新，更新本企业的经营战略，

提高其可操作性，从而真正起到引领企业发展的作用。

三、用全面的眼光看待经济数据

经济数据只能用来衡量企业短期的经济状况和发展趋势。商场如战场，需要布局和操控，不能因为一颗棋子被吞掉了就茫然失措，通过调整整盘布局来应对，这样的结果往往是必死无疑。我们需要做的是以不变应万变、以全局和长远的眼光去分析战略布局的有效性。

企业各项指标都呈现负数并不能说明其经营战略是失败的，因为通过对比营业收入同比增长率，可能又会发现它的成长性。因此，要用全面的眼光去分析经济数据，立足于企业长远发展，研究经济指标可能揭示的含义，这不仅对企业本身发展具有重要作用，对产业高质量发展也会起到一定的促进作用。

财务分析在企业经营决策中的作用

经营决策是企业为实现一段时间内的经营目标，通过科学的程序方法对有关企业全局性重大问题进行分析、研究、对比，选择一套最佳方案，然后组织、实施的过程。财务分析对企业经营决策的重要性主要体现在以下几个方面：

一、科学有效的财务分析是企业经营决策的参谋助手

财务分析通过对各种数据的分析，能够清晰地把企业当前的经营情况及存在的问题呈现给企业老板，使企业老板针对当前的问题及情况制定一系列适合企业发展的经营决策及战略规划，及时采取有效的解决措施，使企业更好、更快地发展。例如，在财务分析中，企业资金流动情况分析能够让企业老板了解企业资金流向，调整其经营活动，保证企业资金的有效利用，以最低的成本，实现企业价值最大化，发挥好财务分析在企业经营决策中的参谋助手作用。

二、科学有效的财务分析是企业投融资决策的关键

面对竞争日益激烈的市场环境，企业要想长盛不衰，就要通过科学有效的财务分析，了解企业的现状，发现问题，提出改进措施，制订一系列适合企业的发展规划，包括财务管理、成本预算、内部管控、投融资规划、偿债能力分析等经营决策，使企业有效规避风险，保障企业健康有序地发展。例如，投融资金额比较大，对企业的影响也较大，有时候直接关系到企业的生存和发展。企业必须通过科学有效的财务分析预测投融资风险，采取有效的风险规避措施，制定一套适合企业投融资的经营策略，确保企业大力发展。

三、有效规避企业风险，确保经营决策的实施

在竞争日益激烈的市场环境下，企业经营风险也日益剧增，如何有效规避企业风险，确保企业经营决策的有效实施，是企业当前工作研究的重点，也是企业进行科学有效的财务分析的主要目标之一。根据企业经营情况及现状，老板通过有效的科学财务分析，整理出企业存在的问题，分析其原因，采取改善措施，制定企业经营决策、发展战略，完善企业内部管理，有效控制企业潜在的经营风险，保障企业经营决策的实施。

四、科学有效的财务分析有利于企业经营绩效评价

企业老板对财务报表提供的数据和信息进行财务分析，根据各项指标，结合数据之间的因素比对，计算出企业的盈利情况、获利能力、偿债能力等，评价企业的发展能力，对企业各部门的经营绩效进行评比，制定有效的激励机制，提升企业的市场竞争力。

面对竞争日益激烈的市场环境，企业只有不断地制定一系列具有竞争力的经营决策、发展战略，才能不断地提升市场竞争力，确保企业健康、有序地发展。为了确保企业经营决策具有科学性、有效性，企业要发挥好财务分析在企业经营决策上的参考作用，防范企业财务分析运用于企业经营决策中存在的问题，并针对问题提出改进策略。只有企业老板重视财务分析、完善财务管理制度、提高

财务工作者的综合能力，才能更好地确保企业财务分析的正确性、全面性、及时性，制定出科学有效的经营决策及发展战略，确保企业高质量地发展。

第六章
重视现金流管理，打造健康
组织系统

现金流不断——利润增长与现金短缺的博弈

❀企业周转不灵的问题根源

企业的收入与支出最终都体现为现金的流入和流出。现金对企业的重要性就好比血液之于人体，企业拥有现金数量的多少显得尤为重要，当下，"现金至上"比任何时候都备受推崇。一旦大量的收入最终无法以现金形式流入，企业就会面临资金短缺甚至诚信危机，最终不得不申请破产保护。

企业内资金的循环实际上是企业的经营循环，企业的资金循环是有规律的，掌握这个规律，能让企业的经营更加顺畅。企业资金能否正常循环流通，决定着企业的生存和发展，如果资金流量不足、流通不畅、资金断链，企业就会出现财务危机，正常的生产经营秩序就会被破坏，企业就会面临停产甚至倒闭清算的危险。因此，企业只有维持充足且流转通畅的现金流，才能确保自己的健康和壮大。所以，老板必须了解和关注资金的来源、去路和流转情形。

企业资金不足、周转不灵，是企业老板最头痛的事。有些企业虽然有巨额盈余，但财务状况日感困迫；有些企业虽然获利不丰，却资金充足，营运无阻，业务顺利发展。为什么会出现这种状况？其根源在于：

1.产品滞销。产品生产出来后，滞存仓库，销售不出去，不能收回已经投入的资金，自然会发生资金困难，无法再继续生产、营运。

2.材料滞存。企业购入材料，原本希望迅速生产产品，销售出去，收回现金，以便再循环使用。但如果购入材料滞存填仓，积压资金，必然会发生营运困难。

3. 扩充过度，固定资产投资太多。有的老板追求快速发展，拼命扩充，又因经验不足，事前对市场判断失误，规划不周，等到设备到位后，产品却销不出去，以致资金不足和周转困难，进而导致企业倒闭。

4. 负债太多，利息负担过重。这会导致企业营运不能获得相当的利益，负债无法清偿，势必以新债还旧债，出现恶性循环，营运就会陷入困境。

其他原因还有账款收回太慢、营业发生亏损、盈余无适当保留、虚盈实亏等。

❀老板应当如何解决资金不足的问题

面对资金周转不灵或不足，企业老板当然要想办法解决。但与其发生了问题再谋求解决方法，不如事先预防问题的发生。

一、预防为主，加强控制

老板要想解决资金周转不灵或不足的问题，应以预防为主，其方法不外乎针对上述各种原因，一边观察一边加强控制。例如，产品及材料不要库存过多；固定资产投资应做好估测，不可盲目扩张；应收货款要加强管理，落实责任，及时回收；营业有盈余时，对生产经营所需资金应适当保留，以巩固财务基础等。老板平时要关注财务报表，看看企业的钱袋是资金充足还是"等米下锅"。

企业的现金流不足是需要老板高度关注和警惕的情形。财务报表里的现金流量表是企业的"日子"，日子过得好不好，关键在于手里有没有"银子"。有的企业利润表上一片"富贵"，企业却没有"真金白银"。当企业要进行投资或开展新项目建设时，不能用利润来支付，现金才是维持项目持续运转的硬通货。

二、增资借债，开源节流

除预防外，解决企业资金不足的途径还有以下几种：

1.增加资本金。由业主直接把现金投入企业，增加企业可运用的资金。

2.发行公司债。报经国家批准，发行公司债券，以解决资金不足的问题。

3.筹措债务资金。向银行申请借款，票据贴现，以及向其他单位、团体、个人借款，还可改革贷款结算条件和方式。

4.加速处理呆废料及闲置资产。呆滞材料及废料的存在是管理上的一个死角，不但积压资金，还要支付仓储、保管及维护费。有些积压呆滞物资越压越不值钱，而变卖后可收回部分现金，还可节约部分费用，增加企业盈利。

5.减少固定资产投资。企业增加固定资产投资后，营业额及利润不能成比例增加，这些投资就变成了难以摆脱的负担，故扩充设备、增加资产，必须事先做好市场调查，搞好预测及计划，避免"先天不良"，造成企业不能自拔。所以要尽量减少固定资产再投资。

6.节省各种费用支出。节约各项费用支出，降低产品成本，一方面可以扩大利润，另一方面也节约了资金，使资金相对增加。因此，必须制定一套严密有效的成本费用控制方法，共同遵守，认真执行，方见其效。

三、表外融资

企业需要扩大再生产，往往需要花钱购买大量设备，而庞大的设备资金款项，常让很多企业无法承受，因此，企业迫切需要解决融资的难题。如果企业对供应商依赖性较强，需要与供应商进行捆绑式发展，那么采用优先股的形式会比较好，在后期可以考虑将优先股转化为普通股。这种方式既没有增加企业的债务负担，也没有失去企业的股权，是介于债务融资和股权融资之间的一种优良方式，我们可以把它称为表外融资模式。所谓表外融资，是指企业以一定的权益换取企业发展所需的资金，这种方式不列入资产负债表，因为它不是企业的债务，即该项融资既不在资产负债表的资产方表现为某项资产的增加，也不在负债及所有者权益方表现为负债的增加。

❀现金流量及其结构分析

一、把握现金流量是关键

在现实中，企业的投资收益率并不低甚至是高利润率，却伴之以现金短缺的现状，这常常是困扰企业老板最尴尬的事情之一。在前车之鉴中，有许多企业从策划、论证、项目、运作到发展都一帆风顺，最后却像"泰坦尼克号"一样在瞬间覆没，外强中干的关键大多是现金流量出了致命的问题。

财务报表具有利润导向性，然而，利润的数字并不必然与企业的现金流量有密切的联系。利润是账面上的虚数，而现金流量是实实在在的东西。

根据利润其实可以算出现金流量。如果老板对利润数字做某些适当的调整，剔除确定利润的会计概念，即收入与产生这些收入的费用的配比概念，并剔除其他会计原则的影响，便能确定实际的现金流量。

企业现金流量的信息是由现金流量表提供的。现金流量表反映的是企业过去业务经营活动形成的现金流量情况，而不是预测未来的现金流量。但企业的经营活动是连续的，任何活动都是建立在过去的经营活动基础之上的。通过研究过去活动的结果，可以发现企业现金管理中的不足之处。现金流量就是资产负债表和利润表按收付实现制进行调整的结果。

二、现金流量表的概念架构

想要了解现金流量表的概念架构，必须来看这个会计恒等式：

$$资产＝负债＋所有者权益$$

资产可分为现金资产与非现金资产。其中非现金资产包括短期流动资产（例如应收账款及存货等）与固定资产（例如土地、厂房、设备等）。因此，会计恒等式可以写成：

$$现金＋非现金资产＝负债＋所有者权益$$

经过移项可得到以下公式：

$$现金＝负债＋所有者权益－非现金资产$$

若以△代表每一类会计项目的"期末金额减去期初金额"（也就是当期的变化量），则上述公式可改写为：

$$△现金＝△负债＋△所有者权益－△非现金资产$$

也就是说，负债增加或所有者权益增加（如办理现金增资），都会使现金流量增加。但若是增加应收账款、存货与固定资产等非现金资产的项目，则会使现金流量减少。

三、老板的现金管理理念决定其现金管理方法

如果老板持有激进的现金管理理念，比如，将持有的现金压缩到最低持有量或以下，其现金管理方法必定会按照一个非常严格的步骤来进行。因为持有非常低的现金流，意味着企业应配套良好的信用机制等。如果企业欠款不能及时收回，或者一时难以从其他市

场筹集到生产必需的资金，必然会导致企业资金链的断裂，最终面临的很可能是企业的突然死亡。如果老板始终秉承保守的现金管理理念，则他必定会在账户上留有大量的现金余额，企业几乎不会出现断粮的情况，老板的日子也会过得比较悠闲，但因此获得的收益也会相对较低，因为库存现金都是有成本的，也就是有时间价值的。所以，无论老板选择激进的还是保守的现金管理理念，都必须全面考虑企业本身的风险承受能力以及外部市场状况等，进而选择一个适合企业发展的管理理念。

保持现金流不断比利润增长更重要

企业发展的过程就是现金流不断投入和产出的过程。健康的现金流量是企业正常运营中不可或缺的因素，企业资产的价值取决于其未来产生现金的能力，而企业真实的盈利必须建立在盈利能够带来持续不断的现金流入的基础之上。只有现金流不断增长的企业才有持续发展能力和投资价值。

从现金流的主要构成来看，企业现金流包括经营性现金流、投资性现金流和筹资性现金流。如图 6-1 所示：

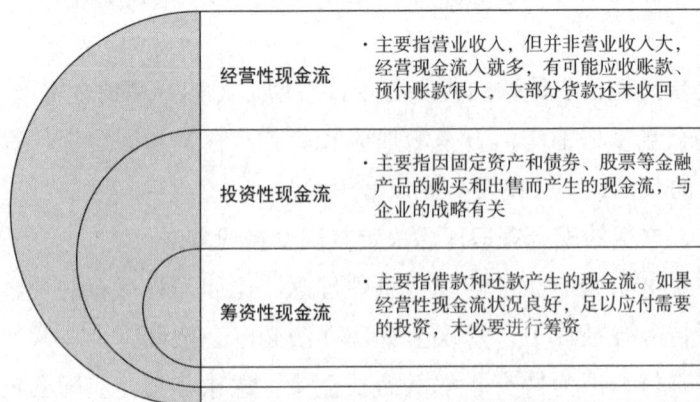

经营性现金流	·主要指营业收入，但并非营业收入大，经营现金流入就多，有可能应收账款、预付账款很大，大部分货款还未收回
投资性现金流	·主要指因固定资产和债券、股票等金融产品的购买和出售而产生的现金流，与企业的战略有关
筹资性现金流	·主要指借款和还款产生的现金流。如果经营性现金流状况良好，足以应付需要的投资，未必要进行筹资

图 6-1 企业现金流的主要构成

通过经营、投资、筹资三大类型活动现金流量的搭配，往往可看出企业的性格与特质，根据这些性格与特质，可以把企业分成四大类型，如表 6-1 所示：

表 6-1　不同现金流量特征企业的性格与特质

现金流量的特色	企业的性格与特质	企业的类型
1. 净利润及经营活动现金净流入持续快速增长（在对的产业做对的事）； 2. 投资活动现金大幅增加（仍看见众多的投资机会）； 3. 长期负债增加，不进行现金增资（对投资报酬率高于借款利息充满信心）	积极追求成长、信心十足且成功机会较高的企业	信心十足的成长型企业
1. 净利润及经营活动现金流量持续增长，但幅度不大； 2. 经营活动现金流入大于投资活动现金支出； 3. 大量买回自家股票，发放大量现金股利	经营稳健且绩效优良的企业	稳健的绩优企业
1. 净利润增长，但经营活动现金净流出（好大喜功，管理失控）； 2. 投资活动现金大幅增加（仍积极追求增长）； 3. 短期借款大幅增加，但同业应付款大量减少（短期内有偿债压力，知情的同业不敢再提供信用）	这是最容易出现财务问题的企业	危机四伏的地雷企业
1. 净利润及经营活动现金流量下降； 2. 投资活动现金不增反降，甚至不断处理资产以取得现金； 3. 无法稳定地支付现金股利	这是经营绩效日益衰退的企业	经营衰退的夕阳企业

能创造价值并能产生源源不断的现金流才是企业的根本。2020年，受新冠肺炎疫情影响，众多企业因为现金流断流，出现产品滞销、现金枯竭、严重亏损或负债现象，危机如同"多米诺骨牌"一触即发，一些企业不堪重负，倒闭破产。相比起来，阿里巴巴、京东连续亏损多年，都没有破产倒闭，其核心的原因是企业拥有大量的现金流入！所以说企业的变现能力决定了企业的生存能力！

问题在于，老板如何才能让企业保持源源不断的现金流，助推企业战略落地呢？

一、要学会预测现金流

如果企业能够精确预测现金流，就可以保证充足的流动性，将投资收益最大化、借款成本最小化，获得新的信用额度，管理货币汇率风险，并预测财务风险。反之，若现金流预测不准确，企业就会在市场竞争以及与银行和其他商业伙伴的合作方面处于不利之境地。

二、合理划分现金流的用途

现金流进入企业资金池后，不明确区分其性质、用途会增加企业出现财务风险的概率。比如，某一项目出现巨亏时，企业可能会在慌乱中采取"拆东墙补西墙"的自救措施，将原本用于对外投资的资金用于弥补亏损，从而导致资金链断裂。

企业持有现金的目的有二：一是满足日常交易的需求；二是满足补偿性余额的需要。最佳的现金流既要为企业现金高速、有序流动提供保障，又要充分发挥企业现金的使用率，要达到这两个目标，需要对现金流进行合理细化，根据划分后的现金流做好专项资金预算。若企业在编制预算计划时不能准确划分费用、成本等现金流，不能实现现金流分类管理，不能实施有效沟通、控制和评估，就会对企业正常运营产生很大的不利影响。

三、现金流规划与控制

老板应合理采用现金流管理手段，降低企业财务风险，促进企业健康稳步发展。

企业的口袋里该留多少现金呢？并不是现金越多越好。现金是有时间价值的，3年前的1000万元，到今天可能值1300万元。现在的1500万元，3年后可能价值2000万元。这里的增值部分就是货币的时间价值。企业需要考虑现金的时间价值，确定一个恰当的现金持有量，既能满足企业对现金的需求，也能将多余的现金进行投资，以获得回报，提高资金的使用效率。

企业的现金需求有三类，如图6-2所示：

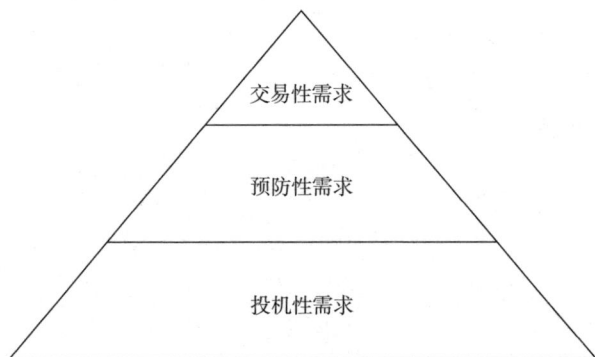

图 6-2　企业的现金需求

要保持企业的现金流，老板可以考虑采取以下措施：

1. 支付股权或期权。如果企业里有很多股东，企业支付的现金就会少很多。这不但减少了现金的支出，还把员工和企业的利益捆绑到了一起，提高了员工的积极性、主动性。

2. 非现金的置换。企业间通过互换资源来节约企业的现金流出量。如京东和腾讯的合作就是用股权置换彼此的资源与服务的典型案例。

3. 战略合作。企业之间的战略合作，可以实现优势互补、互利共赢。例如，一家企业能提供服务，另一家企业拥有大量用户需要更好的服务。如果它们分别去开发服务和客户，成本会非常高，而开展战略合作，双方都能节约大量的费用。

4. 租赁和购买。初创企业需要一定的固定资产投入，如果资金充足，购买肯定比较划算。但由于发展的不确定性，有些设备采用租赁的形式比购买要好。

因此，企业现金流的管理水平是决定企业存亡的关键。提升企业现金流管理水平，才能合理地控制运营风险、提升企业整体资金的利用效率，从而不断加快企业自身的发展。

但是，企业千万不要因为账上有钱就放松对现金流的管控，花钱大手大脚，盲目扩张，盲目投资。只看账面资金是极其危险的，超出造血能力不断举债创造账面资金更加危险。稳健的现金流才能护航企业长远发展。

谨慎投资——重视投资的战略思维、财务思维、风险思维

❀投资决策需要战略思维

当老板将企业打理得井井有条，发展到一定规模时，投资问题应运而生。对外投资是福是祸，取决于老板的科学决策。

投资决策是对投资目标、投资规模、投资方向、投资结构、投资成本与收益等经济活动中的重大问题进行分析、判断和方案的选择。对大企业来说，投资失误或许被认为是"交学费"，但对规模较小的企业来说，投资决策失误，意味着输掉市场，会使企业陷入困境，甚至破产。因此，老板在投资决策时需要具备战略思维，把好投资决策关。

一、投资人要具备大战略思想

老板在投资时必须学会用大战略思想和多维视角看待整个投资行业的变化，并时刻洞悉这些变化。

所谓投资人的大战略，必须建立在保持灵活和坚持的基础上。这一点可用古希腊诗人阿尔吉洛科斯关于"狐狸和刺猬"的经典论述来概括，即投资人必须同时具备"刺猬的坚持"和"狐狸的灵活"。阿尔吉洛科斯说："狐狸多知，而刺猬有一大知。"英国哲学家以赛亚·伯林进一步解释道："狐狸追逐多个目标，其思维是零散的、离心式的。而刺猬目标单一、固执，其思维坚守一个单向、普遍的原则，并以此规范一切言行。"企业老板需要兼具刺猬的坚持和狐狸的

灵活，这是坚持与变通的艺术。

二、投资目标与行动

战略的重点在于目标指导下的行动的一致性、集中性和连续性。一个美丽的目标可以依靠美丽的想象产生，却不能依靠想象实现。战略就是企业在特定的环境中确定的核心目标与达成这些目标的关键路径的组合。

举例来说，假设你是快餐店的老板，你确定了一个目标：从今年1月1日到6月30日，在利润维持去年同期水平不变的基础上，将销售额相对去年同期提高18%，然后你制订出实现目标的计划或方案。

成功的战略一定包含某些精致的细节，但决策者在进行战略思考的时候，必须首先构建整体轮廓或基本结构，然后再深入细节。如果决策者首先陷入某个特定的细节之中而无暇顾及整体，他有可能是一个好的技术人员、好的工匠，但很难成为一个优秀的战略决策者。

老板的战略思维

考虑一个相对宏观的情境：假如你是联想公司的老板。20世纪90年代中期联想在中国香港地区上市。作为一家以PC产品为主、立足于中国市场的上市公司，联想面临保持规模持续增长的压力。现在，请你以20世纪90年代中期作为分析的起点，勾画出联想未来规模扩张的基本路径，并指出判断最优路径的方法。你会怎么做呢？

第一步，明确愿景。联想的愿景是高科技的联想、服务的联想、国际化的联想。

1.保证思路清晰，避免困惑和纠缠不清。要找到关键的独立驱动要素，同时不要把不同层面的问题放到同一层面来讨论。

2.保证思考的完整性，穷尽所有可能的路径或方案。

3.保证思维的动态性，在分析中加入时间维度，不仅看今天怎样，还要关注未来怎样。

第二步，要进行业务定位。如图 6-3 所示：

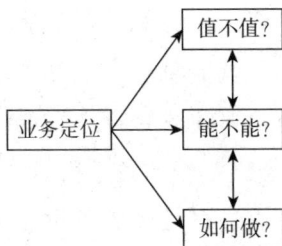

图 6-3　投资项目的业务定位

第三步，要考虑投资项目的吸引力到底有多强。其各项因素如图 6-4 所示：

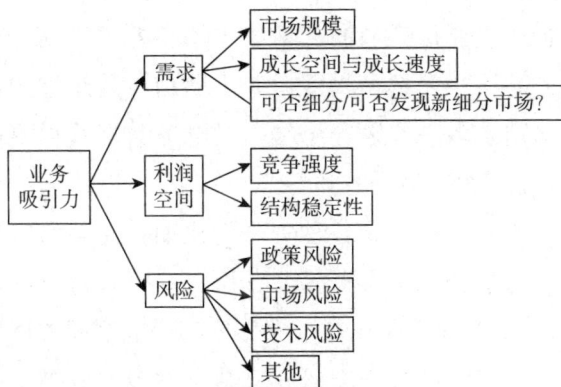

图 6-4　判断投资项目的业务吸引力

老板要将参加投资的成本与其收益分开计算。比如，我拥有的资源在获得收益前是否会穷尽？如果穷尽了，我该怎样做？

🌑老板投资时要有财务思维

财务思维绝对是投资、经营利器。如若创业者、管理者、投资者能尽早建立财务思维，就能早一点洞悉企业的秘密，看到企业正面临哪些财务风险、企业财报是否存在猫腻、企业真实的经营状况是怎样的，从而早一点做出正确的财务决策。

老板在投资时如何通过财务报表解读企业的投资价值？如何看待价值投资、建立财务思维？需要具备哪些财务思维呢？

老板具备财务思维对投资非常重要，拥有良好的财务思维能获得更高的收益。比如，聪明的投资者懂得时间的价值，懂得做"时间的朋友"。用财务的语言来表达，就是懂得从可持续性角度来考察企业利润的质量，投资于那些利润可持续性高的企业。

然而，企业想要保持利润长期稳定增长并不容易。市场中并非个个都是财务高手，大部分投资者并不明白可持续性的重要性。所以，老板要比别人多一些财务思维，对财务数据看得更透彻，这样投资时往往就能获得更高的收益。

此外，企业之间存在着各种关联，比如，共同的客户、共同的投资人、共同的基础设施投资等。有投资专家就投资者是否懂得从"朋友圈"的角度来看企业，是否懂得使用企业之间关联度高的相关信息来进行投资决策进行调查研究，结果发现，如果企业之间有共同的基础设施和投资，这些企业的股价会产生显著的联动关系。基于这些关联信息进行投资，就可以获得超额投资收益。

投资者和企业都在市场上彼此观望，寻找合作机会。对投资者来说，需要寻找成长性良好的企业。投资与增长对资本增值来说都十分重要。因为需要资金，企业力求主动，因此需要适当的改变，以适应资本偏好。基于市场分析与判断的投资者的眼光往往是锐利的，并具有前瞻性。

价值投资的本质在于企业持续创造财富的能力。伟大的企业始终能够在风云变幻的市场中保证自己产品的持续竞争力，只有与伟大企业共同成长，才能够穿越时间的河流。对老板来说，最重要的就是寻找那些能够持续创造财富的企业。

❀投资决策中的风险思维

投资环境瞬息万变，而投资行为通常持续较长时间，各种可预测或不可预测事件发生的可能性都非常大，因此投资决策应充分考虑实践中可能出现的各种变化。

通常情况下，企业可依据以往的历史资料并通过概率统计的方法，寻找风险的规律性，对风险做出估计，从而控制并降低风险。但无论采取何种方式，只能尽可能降低风险对企业产生的不利影响。

投资项目的风险可分为政策性风险和项目特有风险。

投资项目决策必须关注国家政策，关注企业的投资项目是否能得到国家宏观政策的鼓励和支持。比如，在全国兴起环保低碳理念的背景下，打算在京津冀地区投资建设造纸厂或印染厂，就蕴含了较大的政策性风险。对政策性风险的规避，需要老板了解国家和时事动态，使企业行为和国家发展政策保持一致。

项目特有风险是指不确定事项对项目经济效果的影响。通常情况下，老板需要对投资项目进行详细的可行性分析和评价，以数据和预算为基础对投资项目进行科学的决策。在投资分析中，现金流动状况比盈亏状况更重要。没有足够的现金，项目就会面临立马停工、停产的困境。

❀风险投资为企业提供必需的"营养"

风险投资又被称为"风投",与维生素 C 的简称一样,都是 VC。从其作用上看,两者也有相同之处,都能提供必需的"营养"。

风险投资的一个重要特点是风险投资机构一般对创业企业不仅投入了资金,还在投资后适度参与创业企业的经营管理。风险投资家是勇敢而审慎、敏锐而果断、富有经验而充满创意的资金管理者。风险投资指在扶植起步阶段,但具有良好成长性的中小企业,通过管理风险、驾驭风险,追逐高风险后隐藏的高收益。只要企业自身过硬,风险投资无疑是一个不错的选择。

鉴于风险投资对中小企业发展的促进作用,越来越多的企业渴望得到风险投资机构的青睐。企业老板如果要想引入风险投资,需要注意以下几个方面的问题:

1. 制定发展战略。根据企业存在的短板,以及在行业发展趋势中给自己的定位,企业要制定一个未来发展战略。如果企业有多元业务,有的业务从长远来讲并没有什么发展前途,但是从现实的角度来看,对企业有支持,那么就需要老板制订一个管理资源的规划。

2. 厘清企业结构。企业在不同发展阶段面临的问题,以及一家企业最后如何成为一家上市公司,而且是一个健康的上市公司,这其中有很多值得研究和探讨的地方。很多企业老板发现,因为过去不懂,没有尽早把企业结构厘清,等到快要上市了再做这个事情,代价就非常昂贵。

3. 是否值得投资。一家企业是不是值得投资,风投要看的是其三五年内的价值,而不是仅看眼前。老板也要从这些角度来打造企业。

4.释放企业价值。风投一旦进入你的企业之后，退出最快也需要三年，慢的则需要五六年，在这段时间内，风投会跟你共同经营企业，把企业价值释放出来，从而获得更好的收益。

多元输血——积极融资并平衡股权和负债

你的企业真的缺钱吗

资金是制约企业发展的根本问题。很多企业在发展中遇到的最大障碍就是融资难。据调查，大约80%的企业，特别是民营中小企业的领导者认为，融资难是制约企业发展的主要因素。由此看来，企业老板掌握融资策略与实务是十分必要的。

资金是企业进行生产经营活动的必要条件，若资金短缺，又不能及时筹措，企业就不能购进生产资料，会停产、停工，对外投资经营的战略目标也就无法实现，并且偿债能力下降，产生债务危机，会影响企业信誉，使企业陷入困境。

综观企业的发展，很多企业总是感觉缺钱。对此，你可能会说这是外部原因，比如银行不愿贷款。但事实上，企业自身也有问题。

企业老板要想准确判断企业的财务状况有无风险，可从以下两个方面入手：

1. 看维持现有的经营规模有没有问题。

（1）确认现金流量表中的现金及现金等价物余额。

（2）判断资金流入情况。资金流入企业后，通常在企业内部是以如图6-5所示的方式进行循环的。

（3）根据期末时点的报表，分析其业务付款流程，根据历年的各年末、季度末的报表判断未来一段时期的经营性负债情况，判断经营性负债（应付票据、应付账款、预付账款和应付职工薪酬）的支付是否存在问题。

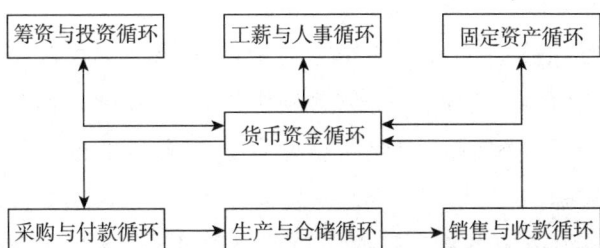

图 6-5　企业的资金流程图

（4）若经营性负债支付不存在问题，根据目前账面上支付经营性负债后剩余资金情况，判断即将到期的债务（包括即将到期的短期借款、长期借款、各项债券、其他应付款中的资金拆借）能否偿还。

2.分析扩大经营规模及增加资本性支出是否需要融资。

（1）根据企业经营的特点，判断企业营运资金投入的特点（有些是要先期大量垫资，而按照会计公式计算的营运资金是个平均概念），判断当前营运资金需要的增加额。

（2）根据企业规模的扩大情况对应所需的资本情况、企业宣告的投资计划来判断企业的资本支出计划。

总之，分析企业是否缺钱，不能单看报表，还应对行业现状（尤其是短期的行业现状）、发展趋势，以及企业的现状、发展趋势、运营模式、历史财务状况等都进行充分的了解，才能做出判断。

预测企业的资金需求

资金是有成本的，尤其是外部筹集的资金，其资金成本的代价都不容忽视。因此，企业融资并非越多越好，首先要合理预测资金的需求量，并合理预测确定资金需要的时间，使融资规模与资金需求量基本一致。

企业资金的需求量是融资的依据，必须科学合理地进行预测。资金需求量预测需要经过以下四个步骤：

1. 销售预测。销售预测是企业财务预测的起点。销售预测本身不是财务管理的职能，但它是财务预测的基础，销售预测完成后才能开始财务预测。因此，企业资金需求量的预测也应当以销售预测为基础。

2. 估计需要的资产。资产通常是销售量的函数，根据历史数据可以分析出该函数关系。根据预计销售量和资产销售函数可以预测所需资产的总量。某些流动负债也是销售的函数，相应地也可以预测负债的自发增长率，这种增长可以减少企业外部融资的数额。

3. 估计收入、费用和留存收益。收入和费用与销售额之间也存在一定的函数关系，因此，可以根据销售额估计收入和费用，并确定净利润。净利润和股利支付率共同决定了留存收益所能提供的资金数额。

4. 估计所需要追加资金的需求量，确定外部融资数额。根据预计资产总量，减去已有的资金来源、负债的自发增长和内部提供的留存收益，得出应追加的资金需求量，以此为基础进一步确定所需的外部融资数额。

❉制定融资方案

网络时代的企业该如何融资？老板应如何制定最佳的融资方案呢？

首要一点就是要突破传统融资概念的束缚。在网络化、信息化发展的今天，仅仅把融资局限于资金融通已经远远落后于时代了。企业想要在日趋激烈的市场竞争中赢得一席之地，必须从战略的高度，从深层次上把握融资概念的内涵。

现代的融资不仅仅是虚拟资本——资金的融通，还应该是广义上的资本融通，既包括虚拟资本，又包括有形资本（企业的土地、房产、设备等方面的物质资本）和无形资本（企业特有技术、专利权、人力资本、品牌等不具备实物形态，但能给企业带来获利能力的资本）。按融资来源划分的融资渠道分类如表 6-2 所示：

表 6-2　按融资来源划分的融资渠道分类

内部融资	降低成本，增加利润；降低存货，加速资金周转，减少流动成本；企业内部资本的合理运营；资产变卖融资；加速折旧融资	
外部融资	银行融资	银行短期融资，包括银行短期借款、商业票据、抵押担保、应收账款
		长期银行融资，包括长期银行借款融资、租赁融资（直接租赁，包括经营租赁、融资租赁；间接租赁，包括转租赁、返回租赁、杠杆租赁）
	商业融资	赊购、期票、承兑汇票、商业票据、预收货款、其他商业融资方式（如企业间资金借贷、"三来一补"）
	证券融资	股票融资、债权融资、投资基金融资、风险融资
	财政融资	预算内拨款、财政贷款、通过授权机构的国有资产投资、政策性银行贷款、预算外专项建设基金、财政补贴国际融资
	国际融资	国际间接融资，如国际商业银行贷款、国际金融组织贷款、外国政府贷款、国际贸易融资、其他国际间接融资方式
		国际直接融资，如国际债券融资、境外股票融资、海外投资基金融资、中外合资融资、中外合作融资、国际直接融资方式创新（有金融衍生工具、资产证券化、项目融资证券化等）
		国际融资方式创新，如国际项目融资、存托凭证融资、结构贸易融资、国际战略结盟式融资

一、传统的融资渠道和方式

融资渠道是企业取得经营所需资金的主要来源。企业的融资渠道具有开放式、多元化和横向化的特点。传统的企业融资渠道主要有政府资金、商业银行申请的贷款、政府担保资金、证券市场（主要是指股票市场和债权市场）发行股票和企业债权、风险投资（股权融资、债务融资）、同业拆借、民间资金、内部积累、国外资金等。

二、新兴的企业融资渠道

新兴的企业融资渠道有：

1. 风险资本库，也被称为创业资本集资。指一群人分别拿出一部分资金，交给专业人士组成的管理阶层，去从事一项可以获得较快发展的事业。它就像一个基金户头，可以为企业在市场上募集到一定的资金，通过风险资本库组成的企业的下一动作就是利用这笔资金去发展一项新的事业。

2. 知识产权融资。中小企业大多缺少资金，而不是技术和人才。知识产权担保融资，可以为企业获取资金提供好的思路。

3. 保险公司。保险并不属于金融活动，但因其获得的保费收入大大超过它的保费支出，因此它可以获得稳定的货币资金用于投资与信贷。

4. 供应商融资。以购买供应商的产品并在长达一年以上的期限内分期偿付货款的方式来实现。

5. 应收账款融资。指企业利用应收账款做抵押或出售取得贷款和资金的方式。

6. 商业信用融资。是企业与企业间的一种信用借贷行为，其形式主要有两种：一种是商品购买者预收货款，一种是赊购商品。

7. 存货筹资。存货是具有较高的变现能力的资产，如果企业的财务信誉很好，那么只要它有存货就可以获得银行贷款。

8. 国际金融机构贷款项目。其贷款多具有援助性质，故贷款条件比较优惠。

❀筹集资金的原则

老板做出融资决策时，应充分考虑选择何种融资方式，怎样把握融资的数量，以及各种融资方式的利用时机、成本、风险、条件等，并考虑融资决策对企业产生的影响。老板制定最佳融资决策时，要考虑以下六个原则：

1.融资总收益应大于融资总成本。在进行融资前，应该静下来想想，企业真的需要融资吗？融资意味着付出成本，既有资本的利息成本，还有昂贵的融资费用、不确定的风险成本等，应该确保利用融资的资金产生的预期总收益大于融资所花费的总成本。

2.量力而行。企业在融资时应计算好企业需要筹集多少资金。筹集过多，容易造成资金闲置浪费，增加融资成本，还会使企业负债过多，偿付困难，增加经营风险。应根据企业自身需要、实际情况和融资的成本情况，确定企业合理的融资规模。

3.选择最佳的融资机会。企业寻找融资机会的过程，就是不断寻求与企业内部条件相适应的外部环境的过程，这就要对企业融资涉及的各种影响因素做综合而具体的分析。例如，在大多数情况下，企业只能适应外部融资环境而无法左右外部环境，因此，企业必须充分发挥主动性，寻求并及时把握住各种有利时机，确保融资成功。

4.尽可能地降低融资成本。融资成本决定了企业融资效益，对企业选择融资方式有重要作用。在多种融资方式间进行选择，一定要尽可能降低融资成本。一般来说，融资成本从低到高的顺序为：财政融资→商业融资→内部融资→银行融资→债券融资→股票融资。

5.根据融资用途和预期利率变动趋势制定最佳融资期限决策。企业在短期融资和长期融资方式间进行权衡，主要取决于融资的用途和融资人的风险性偏好。

6. 选择最有利于提高企业竞争力的融资方式。企业竞争力的提高程度，根据融资的不同方式、融得资金的使用效益不同而有很大差异。

防止淤血——重视资产管理，提高资产使用率

资产管理的总体要求

为促进实现资产管理目标，企业应当加强各项资产管理，全面梳理资产管理流程，及时发现资产管理中的薄弱环节，切实采取有效措施加以改进，并关注资产减值迹象，合理确认资产减值损失，不断提高企业资产管理水平。

1. 全面梳理资产管理流程。固定资产、无形资产和在建工程在资产总额中的比重最大。无论是新企业还是存续企业，为组织生产经营活动，都需要制定相关资产管理制度，按照严格的制度管理各项资产。为了保障资产安全、提升资产管理效能，企业应当全面梳理资产管理流程。

2. 查找资产管理薄弱环节。企业强化资产管理的关键步骤，就是通过全面梳理资产管理流程，查找资产管理薄弱环节。这些薄弱环节若不引起重视并及时加以改进，通常会引发资产流失或运行风险，或者导致企业资产不能发挥应有的效能。

3. 健全和落实资产管控措施。在全面梳理资产管理流程、查找资产管理薄弱环节之后，企业应当对发现的薄弱环节和问题进行归类整理，深入分析，查找原因，健全和落实相关措施。企业应当按照内部控制规范提出的对固定资产、无形资产和在建工程管理的要求，结合所在行业和企业的实际情况，建立健全各项资产管理措施。

✿固定资产的运营与控制方略

一、固定资产的重点管理

固定资产管理是财务资金管理的一个重要组成部分，管理好固定资产是管理者的责任，老板在进行资产管理时，重点要对固定资产进行管理，比如机器设备和生产线等，同时要辅助管理某些流动资产，如存货、库存现金或银行存款等。可以从如下几点实施固定资产管理工作：

1.固定资产规范化管理。管理者要组织企业各部门员工共同参与和配合固定资产管理，上下联动，提高重点资产管理效率。

2.建立健全规章制度。以制度明确相关人员的责任，以责任加强管理，真正落实岗位责任制，注重钱物分管原则。固定资产还要有专门的实物管理部门，负责固定资产的购置、处置、调配和报损，实物部门根据"谁使用、谁保管、谁负责"的原则，明确负责人。

3.实施固定资产卡片管理制度。建立固定资产卡片和标签制度，一物一标签，责任人要承担相应物资损失或丢失赔偿责任。

4.做到有据可循。固定资产的增减变动最好通过书面形式进行记录，让管理者自己或相关负责人在后期查账时能有据可循。

5.定期且及时清查资产，确保资产和账目的有效性。

图6-6所示的是资产管理的大致环节，而具体实施过程中的细节问题，要根据企业自身实际情况进行相应调整或增减。

第一步，管理者和相关负责人区分实物管理和财务管理，建立实物分类和财务分类的对应关系。另外，管理者还要决定资产管理工作的运作部门以及这些部门的合并、分立和解散等重大事项

第二步，监督各部门完成资产管理工作，如固定资产的购进、处置、报废、维修或盘点，库存现金的领用及银行存款的变动管理等，管理者做好指导，员工们积极执行

第三步，对各项资产进行及时的财务账面登记，保证账实相符，同时做好财务资料归栏工作，保管好财务文件和资料

第四步，定期检查企业的资产管理工作，确保资产管理没有遗漏问题或没有亟待解决的资产问题，同时还要预测企业资产有无风险存在，若有，及时做出应对措施或方案

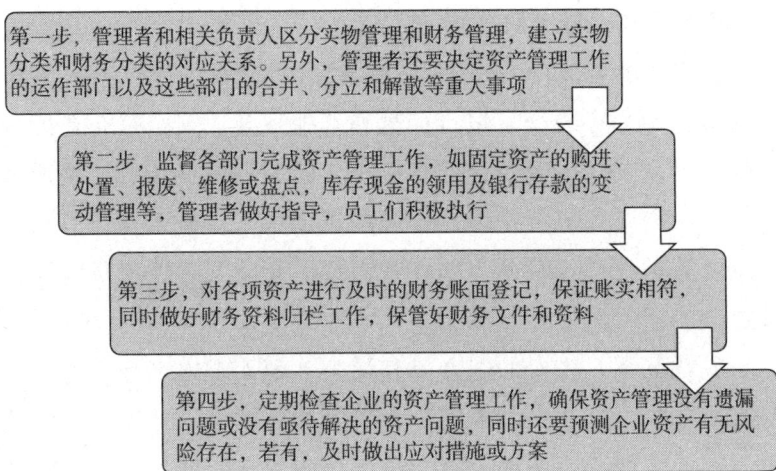

图 6-6　资产管理流程的具体操作

流动资产的运营与控制方略

企业流动资产主要包括现金、应收账款、存货等。流动资产的配置和管理是企业财务管理的重要组成部分。如果流动资产过多，会增加企业的财务负担，从而影响企业的盈利能力；相反，如果流动资产不足，会使企业财务周转不灵，从而影响企业的正常经营。企业在生产经营中恰好存在着此类问题，所以应及时、合理地对流动资产进行管理，结合自身的发展特点，制定出符合自身要求的管理体系。

老板在管理流动资产的过程中，要做到以下几点：一是做好现金管理，搞好转账结算，以维护企业自身利益，加速资金周转；二是核定应收账款的成本，并编制出账龄分析科目，估算预计坏账的最小和最大损失，同时计算出坏账准备金；三是编制好存货计划，作为合理安排储备资金的依据，同时加强存货产品控制，实现以最

小的存货投资获得最大的利润。

一、现金的管理

现金包括库存现金、银行存款和其他现金。现金是企业变现能力最强的资产，代表着企业的直接支付能力和应变能力。企业进行现金管理，重要内容便是保持合理的现金水平，使企业持有的现金数额既能满足生产经营开支的各种需要，又能及时偿还贷款和预防不时之需。

一般情况下，企业的现金持有量小于表6-3中三种需求下的现金持有量之和。企业可以根据自身实际情况确定三种需求下的现金数额，力求做到既能保证企业交易所需现金，降低风险，又能从暂时闲置的现金中增加收益。

现金并非留得越多越好，最佳现金持有量应该保持在既能满足生产经营的需要，又能使现金的使用效率和效益最大化的水平。当实际现金余额与最佳现金余额不一致时，企业可采用短缺融资（出现现金短缺时）、归还借款和投资有价证券（出现现金多余时）等策略来使现金余额达到合理水平。

表6-3 企业持有现金的动机

现金动机	现金持有目的	适用的业务活动
交易性动机	为了维持企业日常周转及生产经营活动而需持有的现金	购买材料、支付工资缴纳税款、支付股利等
预防性动机	为了应对意外或突发事件而需持有的现金	客户违约、生产事故等导致的突发性偿付
投机性动机	为了把握市场价格波动带来的投资机会，从而使企业获得收益而需持有的现金	股票投资等

二、控制存货，增加流动资金

企业适量的存货可以有效防止停工待料的现象发生，保证生产的连续性；存货储备也增强了企业在生产和销售方面的灵活性以及适应市场变化的能力。老板应重视存货的控制与管理。

实现存货管理的目标，重点在于确定最佳的存货数量，控制存货量。这就需要确定一个安全的存货量和一个最低的存货量。确定这两个数字有一个计算公式：

安全存货量 ＝（预计每天最大耗用量 – 预计平均每天正常耗用量）× 预计订货提前期

订货提前期就是订货需要提前的天数，即你提前多少天和供应商打招呼，他能保证给你送到货。比如，有一家企业生产需要的一种原材料预计订货提前期是 10 天，平均每天消耗 16 千克，每天最多消耗 20 千克。那么：

安全存货量 ＝（20–16）× 10=40（千克）

按照生产的需要，企业的最低存货量应该是安全存货量加上前期正常的耗用量，那么，该企业的最低存货量应该是：

（16 × 10）＋ 40=200（千克）

也就是说，该企业的存货量最好在 200 千克刚刚出头，这时候成本是最低的。当企业存货下降到 200 千克的时候，就应该立即订货，否则就无米下锅了。

三、改善应收账款的回收

对于赊销和赊购，老板往往会陷入两难境地：一方面，希望以赊销方式来扩大产品销路，增加收入；另一方面，企业应收账款不断增加，企业资金回收的困难加剧，加大了企业的经营风险。

老板还要控制应收账款，让死钱变活。如何改善应收账款的回收情况？要想管理好应收账款应侧重于哪些方面？老板可考虑从以下三个方面进行：一是评估客户的资信程度，权衡信用成本与信用风险，选择信用较高的客户合作；二是建立灵活有效的收账政策，及时收回账款；三是做好应收账款分析，努力减少和防范坏账死账。

如何进行资本运作，提高资产使用率

纵观世界上著名的大企业、大集团，几乎都是通过资本的市场化运营发展起来的。资本的市场化运营，即资本运营，是市场经济中所有商品交易中最复杂的一种特殊交易，是比产品经营更高层次的交易。

一、制定资本运营战略

资本运营有兼并、收购、分拆、破产、重组、股份制与上市等基本操作方式。资本运营交易的是资本，是股权和债权，而不是资产。可见，购买资本与购买资产是两个截然不同的概念。从财务角度看，企业资产负债表的左边是资产，右边是广义的负债包括债券和股权，实际上就是资本。当企业面对资本市场时，资产要资本化，才能进行交易。进一步面对证券化的资本市场时，资本还要证券化。当企业面对产品市场时，资本要资产化，才能进入生产，下一步就是如何有效运用这些资产进行产品经营。

资本运营战略是实施资本运营战略管理的基础和首要环节，也是企业从事资本运营活动的先决条件。总的来讲，制定资本运营战略包括以下三个方面的内容：

1. 资本运营战略前景预测。重点包括战略执行的结果、战略执行过程中可能遇到的意外情况、战略执行的费用等。

2. 资本运营战略制定的依据。首先，研究战略时机。制定资本运营战略，必须选择合适的时机，只有在适当的时机推出的战略，才能发挥资本运营战略应有的功能。其次，战略态势分析。资本运营战略态势是指在企业资本运营战略中，企业的内部条件与外部环境相互对比所形成的一种趋势架构。它也是企业在对待环境变化过程中所应采取行动的姿态。最后，战略执行前景预测。通过对战略执行前景的预测，企业可以更加合理地规划战略执行预算，提高资本使用的效果，避免太大的资本损失和浪费。

3.资本运营战略制定的程序。可分为四个阶段，如图6-7所示：

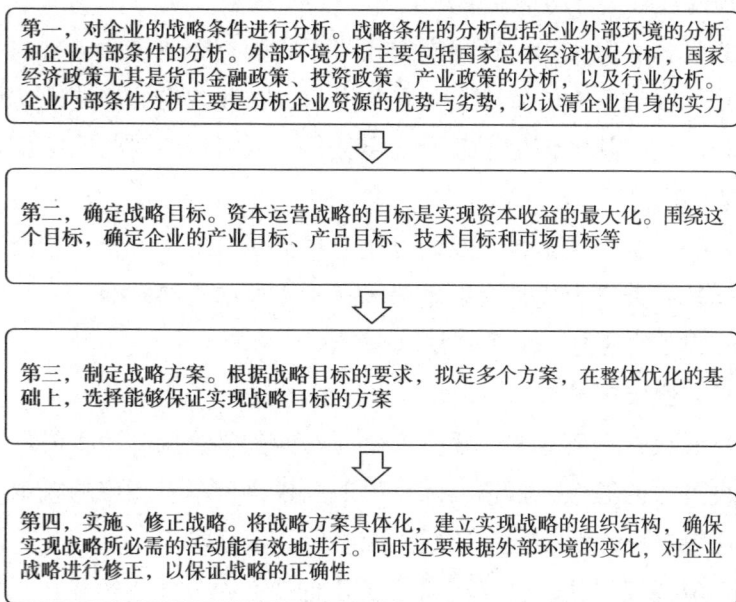

第一，对企业的战略条件进行分析。战略条件的分析包括企业外部环境的分析和企业内部条件的分析。外部环境分析主要包括国家总体经济状况分析，国家经济政策尤其是货币金融政策、投资政策、产业政策的分析，以及行业分析。企业内部条件分析主要是分析企业资源的优势与劣势，以认清企业自身的实力

第二，确定战略目标。资本运营战略的目标是实现资本收益的最大化。围绕这个目标，确定企业的产业目标、产品目标、技术目标和市场目标等

第三，制定战略方案。根据战略目标的要求，拟定多个方案，在整体优化的基础上，选择能够保证实现战略目标的方案

第四，实施、修正战略。将战略方案具体化，建立实现战略的组织结构，确保实现战略所必需的活动能有效地进行。同时还要根据外部环境的变化，对企业战略进行修正，以保证战略的正确性

图6-7　资本运营战略制定的四个阶段

二、并购重组

并购重组也被称为兼并收购。在企业界，兼并收购被认为是激活自身存量资产的有效手段。企业并购重组主要有以下四种方式：

1.完全接纳并购重组。这种方式较适合那些产业存在重合的竞争对手，或者产业链中的上下游企业之间，它可以使被收购企业打破发展困境，从亏损转向盈利。这两种关系的企业之间进行兼并收购具备较强的互补性，合并之后不但能够扩大整体规模，

被收购一方的资产也能够得到充分利用，而且还有效避免了两者竞争所造成的成本浪费。

2. 剥离不良资产，注入优质资产。在这种并购重组方式中，收购方仅接收被收购方的优质资产、部分优秀技术人才及管理人才等，通常被收购一方需要拿出一笔资金用于对下岗员工进行补偿。被收购企业会要求收购方用现金支付，而收购方则会要求不承担以负债为代表的被收购方的不良资产。

3. 吸收股份并购。这种模式相当于收购方企业用一定比例的股权来获取被收购方的资产。收购完成后，被收购企业的法人主体地位宣告终止。其优势是不涉及现金交易，从而避免对收购方企业资金流造成压力。

4. 资产置换式重组。收购方企业根据自身的未来发展方向，以一些非核心资产为代价换取企业未来所需要的重要资源，从而进一步提升企业的活力和发展动力。

三、股权投资

在股权投资模式中，投资方会通过购买被投资方股权的形式成为被投资方的股东，根据实际获得的股权比例享有相应的权利和义务。比较常见的股权投资方式主要包括以下几种：

1. 流通股转让。公众流通股转让也被称为公开市场并购，也就是收购方企业在证券交易市场中购买被收购方的股票，达到一定比例后最终成为上市公司的实际控制者。

2. 非流通股转让。被收购方根据双方签订的协议价格向收购方出售一定比例的股权，从而使后者取得前者的实际控制权。由于股权协议转让对股权价格、持股比例等都进行了明确规定，所以其在转让成本、转让效率及转让成功率都具备明显优势。

3. 杠杆收购。杠杆收购是指将被收购方企业的资产作为抵押，向银行或者投资人融资。杠杆收购模式借助被收购方企业的资产及未来经营所得，支付银行贷款利息或者给投资人分红，它是一种收购方企业最小化收购现金流的方式，与杠杆原理极为相似。

4. 战略联盟。战略联盟通常是由两个及以上的实力相对平等的企业建立的松散型网络组织，其目的是共同开辟新市场，分享科技、数据、人才资源等，成员共担风险、共享收益。

5. 合资控股。

（1）投资控股。收购方上市公司对被收购企业进行投资，取得被收购企业控制权，并将其改组为旗下子公司。这种方式能够帮助收购方上市公司以少量资本完成对其他企业的兼并重组。

（2）合资控股。由并购方与目标企业共同出资组成全新的法人单位，收购方企业获取了被收购企业的控股权，是一种相对特殊的并购模式。

（3）在中国香港地区注册后再合资模式。该模式的逻辑在于，在中国香港地区注册公司，然后将中国内地的资产并入新成立的香港公司中，从而为企业在香港地区或者海外上市提供强有力的支撑。

6. 债权转股权。收购方帮助存在不良债务的企业偿还债务，从而获取后者一定比例的股权，如果该部分股权比例仍不符合收购预期，通常企业还需要进一步追加投资。

盘活闲置资产，提高资产使用率

多数企业在不同程度上存在闲置资产，闲置的主要原因是产品更新换代、经营管理不善、产业结构调整等。资产闲置会影响企业资金的使用周转，关系到企业的经营活动和经济效益。

对企业来说，资产闲置有三个显著的影响：

1. 财务信息失真。闲置资产留存企业在财务报告上会表现为资产和利润都"虚增"，使企业财务数据不实，不能真实反映企业资金的营运状况。

2.管理成本与机会成本增加。管理闲置资产需要耗费一定的人工成本，造成人力浪费。闲置的资产还会占用一定的场地，因场地占用而使企业丧失其他投资机会，增加了机会成本。

3.增加风险，削弱筹资。闲置资产的长期存在，导致报表数据严重不实，不利于股东、投资者、经营者、债权人以及金融机构等信息使用者获取真实的信息，毁损企业在资本市场的声誉，影响企业筹资信用，增大企业财务风险和经营风险。

如何盘活闲置资产，尽可能地提高资产使用率？

1.对外租赁，闲置资产再利用。可以考虑将闲置资产对外出租。出租方可将闲置资产利用起来，获取租金收入；承租方可获得闲置资产的使用权，解决无力购置设备的困难。

2.对外投资，寻求合作。可将整体完好、无损坏的闲置资产对外投资，积极寻找合作伙伴，尽量把闲置资产利用起来，并获得相应的投资收益。

3.资源配置，发挥效能。将闲置资产在企业内部相关部门之间进行调拨，起到优化资源配置的作用，充分利用好企业的闲置资产，为企业带来经济效益。

4.进行资产置换，优化资产结构。企业利用非货币性交易的策略，将现有的闲置资产置换为生产上需要的物资或设备，以满足生产经营的需要。

5.公开拍卖，整合资源。对于在生产经营中不需要或已经过时的资产，可以在市场中降价出售，收回货币资金，增加现金流量。

6.申请报废，收回残值。对于通过采取系列措施仍不能给企业带来经济效益，也无变现的闲置资产，可申请报废，收回残值。

在处理闲置资产的过程中，要视具体情况不同而定，闲置资产处理好了，有助于企业正常、有效运转。

存量优化——加强资金的集中管理

❀资金集中管理的原则、目标和意义

目前我国的企业集团普遍采取多级法人制，管理层次过多、"集而不团"的现象普遍存在。企业集团资金管理存在的主要问题有以下几种，如图 6-8 所示：

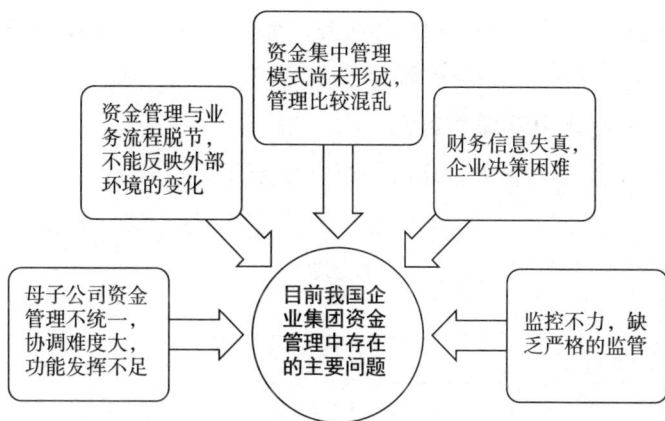

图 6-8 企业集团资金管理存在的主要问题

一、资金集中管理的原则

有效的资金集中管理应该遵循以下原则：

1. 合法性原则。这里有两层含义：一是集团的资金集中管理与使用必须符合国家相关法律、法规的规定，不得出现违法行为；二是集团对子公司的资金集中管理必须符合公司相关章程、制度文件的规定，不得侵占子公司的合法利益。

2. 时机性原则。集团战略管理的最重要因素之一是时间的安排，而时间的安排又主要取决于机会的捕捉和创造。时机性原则对企业的资金投放有两个要求：一是投放要准时，二是投放要及时。

3. 预算控制原则。企业集团的资金集中管理必须以预算控制为主要手段，按时编制集团资金预算、计划，使企业的资金管理按步骤、有计划地进行。

4. 成本效益原则。企业集团资金集中管理应注重资金使用成本和资金效益，尽可能将资金投放到能提高企业盈利能力的项目上去，使更多的资金参与周转。

5. 集权与分权适度原则。一方面，必须体现集权管理思想，要保证集团在全范围内迅速而有效地管控集团全部的资金，并使这些资金的保存与运用达到最优化状态；同时给予子公司适度的授权，确保子公司正常生产经营的资金使用需求。

二、资金集中管理的目标

关于资金集中管理的目标，图 6-9 所示可以让人一目了然：

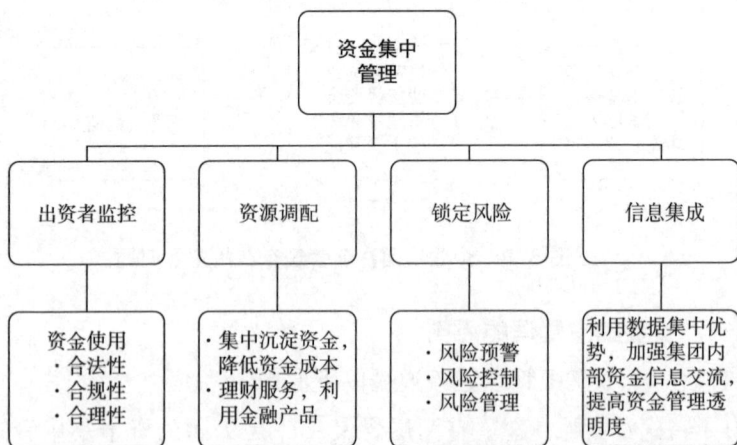

图 6-9　资金集中管理的目标

三、资金集中管理的意义

1. 有利于有效防范财务风险。集团产权关系监管最直接的体现是资金监管。对集团的资金做到实时动态管理，可以降低业务单元的经营风险，使得利率、汇率等资金相关风险被总部集中管理和管控。

2. 有利于企业集团实行全面预算管理。资金的预算是全面预算管理的重要内容，实行资金集中管理有利于企业集团资金预算的制定和实施。

3. 有利于提高财务管理的科学性。资金管理涉及各方面的利益，是集团财务控制的中枢。实施资金集中管理制度，实行高度集中的财务管理，可以完全掌握下属业务单元的资金头寸信息，更充分地了解业务单元真实的经营状况，从而实现资金的整合效应，提高对资金需求预测的准确性，帮助企业合理安排资金。

4. 有利于降低财务管理成本。企业集团实行资金集中管理后，一方面，有利于资金集中，实现集团内部资金从资金闲散部门到资金需求部门的自由快速流动，从而最优化地利用全集团的现金头寸，提高资金利用效率；另一方面，集团管控现金头寸，有利于增强集团与商业银行等金融机构的谈判实力，从而争取到更加灵活和优惠的融资条款，降低新增筹资成本和资金流动性风险，为业务运作提供更加广阔的空间。

❀做好资金管理，发挥企业集团优势

从资本运营来看，企业集团存在的最大理由是资本集中，在实务上放大了采取一致行动的资金的量级，因此，企业集团资金管理是发挥企业集团优势的重要方面。

一、解决营运资金管理中存在的问题才能促进企业长久发展

营运资金管理中存在的问题主要表现在以下方面：

1. 现金管理混乱。多数企业流动资金管理环节薄弱，对现金管理不严。有的造成现金闲置，提高了机会成本；有的资金使用缺少计划安排，无法满足经营急需的要求，陷入了财务困境。

2. 应收账款失控。某些企业盲目采用赊销方式增加收益，使应收账款数额居高不下，但是又没有建立严格的赊销政策，缺乏有力的催收措施，应收账款不能兑现或形成呆账，造成企业困境。

3. 存货控制薄弱，造成资金呆滞。在供、产、销方面，一些企业缺乏统一指挥和计划，导致材料物资超储，成品库存积压严重，很多企业月末存货占用的资金往往超过其营业额的两倍以上，造成资金呆滞，周转失灵。

二、有效的营运资金管理措施能够提高企业的经济效益

资金是企业进行生产经营等一系列经济活动时最基本的要素，资金管理贯穿于企业整个生产经营的始末，具有举足轻重的作用。资金管理是财务管理的集中表现，只有抓住资金管理这个中心，采取行之有效的管理和控制措施，疏通资金流转环节，才能提高企业的经济效益。因此，加强资金的管理及控制具有十分重要的意义。

1. 企业供、产、销环节是生产经营和资金运动的主要环节。管住资金，可以管住企业的大部分经营活动。因此，必须对全部资金和处于各周转环节的流动资金进行经常性分析，及时掌握资金的使用情况，保持企业财务上的流动性，维持企业的偿债能力。

2. 加强资金管理和控制，能有效地防止舞弊。加强资金管理，要求企业制定严格的内部控制制度，保证资金的收入、支出合法合理，有效地防止舞弊的发生。

3. 加强资金管理和控制，可以提高资金使用效益。企业资金存量应该保持在一个合理的水平上，过多或过少都不合理。

企业营运资金管理的主要途径

一、强化流程管理

为了适应技术和市场环境的变迁，越来越多的企业将管理的重心从职能部门的权威控制（职能管理）转向了业务流程的持续改善（流程管理），以增强自身的弹性和敏捷性，在激烈的市场竞争中赢得先机。在流程管理模式下，业务流程处于核心地位，职能部门的职责只是辅助流程活动的开展，于是流程运行的效率决定了企业经营活动的成败。营运资金是业务流程中的"血液"，其管理水平决定了业务流程的运行效率，因此，营运资金的管理成为流程管理的中心和企业取得竞争优势的关键。

二、做好应收账款管理

应收账款是企业营运资金管理的重要环节，在激烈竞争的市场经济中，正确运用赊销、加强应收账款的管理显得非常重要。应收账款管理应从应收账款防范机制的建立和逾期债权的处理两方面入手。企业应设立专门的信用管理部门，与销售、财务部门对应收账款进行监控、跟踪服务和反馈分析，并由内部审计部门进行监督管理。对存在的逾期应收账款，企业应成立专门机构进行催讨。

三、推行全面预算管理，集中管理资金

预算是一种控制机制和制度化的程序，是实施资金集中管理的有效模式，完备的预算制度是企业生产经营活动有序进行的保证。企业应建立健全全面预算管理体制，对生产经营环节实施预算的编制、分析、考核制度，把企业生产经营活动中的资金收支纳入严格的预算管理程序之中。针对当前企业资金使用过程中普遍存在的使用分散、效率低下等突出问题，要从资金集中管理入手，建立、完善并推广企业结算中心制度，强化资金集中管理；推行全面预算管理制度，保证资金有序流动；明确现金流量在资金管理中的核心地位，把现金流量作为控制重点，加强对现金流量的分析预测，强化

对公司现金流量的监控。

四、建立财务结算中心进行资金管理

财务结算中心隶属于集团企业或母公司的财务部，本身不具有法人资格，是专司集团内各成员企业现金收付及往来结算的财务职能机构。财务结算中心是把财务公司的运作机制引入企业集团内部，对整个集团资金实行统存统贷管理，在所有权和使用权不变以及自有资金随时可用的原则下，把分散在集团内部成员企业的资金集中起来，实行统一管理、分配和使用，并监督资金的流向。它不具有法人地位，但与财务公司具有相同的作用。

设置财务结算中心后，企业集团的一切收入都集中到财务结算中心，由财务结算中心负责整个企业集团的日常资金结算，代表集团筹措、协调、规划、调控资金。集团成员内部发生交易时，由财务结算中心对各子公司的资金实施统一结算。除了日常零星开支，一切支出都通过财务结算中心转账支付。财务结算中心向集团内部各企业吸收存款、发放贷款，并具体办理其他中介业务。财务结算中心需要定期编报银行存款日报表、企业存款日报表和重大资金变动表等，防止在投放、运转和回笼资金的过程中出现漏洞，降低企业集团的财务风险。

五、组建财务公司

企业选择组建财务公司，也是企业强化运营资金管理与运用的途径之一。能够建立财务公司的只有少数特大型企业集团。

与财务结算中心相比，财务公司有巨大的优势。财务公司是一个独立的法人，而财务结算中心仅是企业集团的内部管理部门。另外，财务结算中心缺乏依法的融资、中介、投资等功能，难以充分发挥其潜在的能力，受到人民银行的监管有限，缺乏市场压力，内部管理的规范性较薄弱。而这些正是财务公司的专长。财务公司这种产业和金融结合的方式，在很大程度上决定了企业集团的生产规模、发展方向，能够确保集团经济可以进入良性循环。大型企业集团往往有着坚实的金融背景，与银行等金融机构联合是企业集团发展过程中的共性。财务公司在企业集团内部融通资金，并可与银行或其他金融机构建立业务往来关系，还可以委托某些专业银行代理金融业务。财务公司促进了企业集团的综合管理和金融控制，符合规模经济原则，降低了企业运营风险和成本，并直接或间接地形成了企业集团新的利润增长点。

合理献血——分配策略与股权激励

❀企业利润分配的原则和程序

企业利润分配是财务管理中具有决定意义的一个环节，是轨迹化企业正确处理财务关系的焦点，因为利润分配牵扯到多方的利益，其合理性和真实性不仅对企业当年的经营产生影响，也与企业长远的发展规划密切相关。利润分配不当会影响企业的生存和发展。利润分配实质是根据企业各权益者占有的比例，对轨迹化企业利润进行划分，并利用财务手段确保利润的合理归属与运用的管理活动过程。

一、利润分配的原则

利润分配应遵循以下原则：

1. 依法分配原则。指企业的利润分配必须按照国际经济法制定的法定程序进行。

2. 公平分配原则。指企业的利润分配要符合市场经济的要求，遵守市场经济的等价交换、公平竞争的原则。

3. 积累与消费并重原则。指企业分配要处理好自身内部积累与消费的比例关系。

4. 利益兼顾原则。指为了保证利润分配有利于社会经济发展，在符合公平原则的同时，必须要兼顾企业经营者和员工的经济利益。

二、利润分配程序

这里主要指税后利润分配的一般程序。具体如下：

1. 没收财物损失，如不符合税法规定的罚款、滞纳金及超标准支出。

2.弥补企业以前年度的亏损。

3.提取法定盈余公积金（一般为10%）和公益金（一般为5%）。

4.提取任意公积金，由董事会或股东大会决定。

5.向投资者分配利润。前年度未分配的利润可并入本年度进行分配。

股利分配策略的制定

利润分配策略是指企业老板针对本企业的利润分配有关事项做出的方针、政策和规定。

一、股利分配策略的划分

1.按股利支付比率的高低分类。股利支付比率是指每股股利在相应收益中所占的比重。按股利支付比率的高低，股利政策可分为全部发放股利的政策、高股利政策、低股利政策、不支付股利政策。

2.按每股股利是否稳定分类，可分为五类：

（1）稳定的股利政策，公司股利的发放，不因公司盈利多少而变化，而应维持某一固定数额，即每股股利为常数；

（2）变动的股利政策，即每股股利随盈利的多少而进行相应调整的股利政策；

（3）阶梯式的股利政策，介于稳定股利与变动股利之间，兼有这两种政策的一些特征，在各阶段之间采用变动的股利政策；

（4）稳定增长的股利政策，即在支付某一规定股利的基础上，依据公司的盈利水平，制定一个目标股利增长率，按目标股利增长率逐步提高股利支付水平；

（5）正常股利加额外股利的政策，公司每年只支付数额较低的正常股利，只有在公司经营非常好时，再加付额外股利给股东（又称"红利"）。

二、股权分配方案的制定

对公司而言，合理的股权分配有利于公司持续健康地发展。在股权分配时，应当坚持四个基本原则。

1. 股权分配要公平。合伙人计划设立公司时就应当确定公平的基调，特别是发起设立公司的牵头人，更应当有公平理念，这种理念应当自始至终存在。这对公司设立之初非常重要，对公司后续运作也非常重要，对公司设立后的价值观和公司文化的形成同样有着重要作用。公平分配股权的根本目的是为了平和创始人的心态，有效激励创始人参与创业的积极性，有利于公司创始人形成合力，起到稳定团队的作用。股权分配的公平性取决于创始人贡献及其市场价值是否与股东获得的股权相匹配，对每个股东的资本、资源、能力、渠道、技术等进行客观的综合评价，在此基础上合理分配股权，而不是仅仅考虑出资额。

2. 公平不等于平均。公平分配股权不等于平均分配股权，不同股东、不同因素之间存在的合理差距应当被承认并得到充分肯定。平均分配股权是公司股权分配陷阱之一，很多时候它并不是真正的商业决策，而属于人情至上的一种"老好人"的妥协，应当禁止平均分配股权。

3. 信任是合伙的基础，要防止私心泛滥。一股独大和平均分配股权的背后，往往是合伙人之间缺乏互相信任。一股独大是大股东对其他人存在不信任感，平均分配股份是股东之间存在不信任感。商场就是战场，如果合伙人彼此不信任，那么他们就无法把自己的"侧翼""后背"交给对方，也就无法在自己负责的一面放手一搏，危难之际无法制胜。

4. 资金重要但不是唯一。过去，人们经常把资金投入的多少作为股权分配的唯一标准，出资多的占的股份就大，反之亦然，却忽视了投资资源、渠道、智力、技术支持的价值。在股东同样都有钱的情况下，股份的分配还应当综合考虑股东的能力资源、渠道、智力、技术和人力投入，综合评价每个人对公司成立、存在和发展的贡献，并以此为依据分配股权。在分配股权时，还要综合考虑创始人的个人能力。

股权激励

股权是目前很多企业选用的激励方式。在现代企业中，股权激励是企业的核心激励方式之一。股权激励在本质上是一次基于企业战略的深度对话与沟通，其本质和目标是建立起一套长效的人才激励机制，让核心管理团队在合理分享企业发展成果的同时，完成股东与股东之间、股东与高管团队之间，以及高管团队内部关于企业未来事业发展的深度思考及沟通，进而通过"心理契约"的达成以及"长效激励机制"的保障，实现企业从"利益共同体"向"事业共同体"乃至"命运共同体"的成功过渡。

一、股权激励常见模式

股权激励主要分为以下几种模式：

1. 业绩股票奖励方式。通常情况下，企业在年初制定全年合理的经营业绩目标，员工通过自己的努力在年终或未到年终时就已超额完成设定的目标，企业对其工作业绩给予肯定并授予其一定数量的股票作为奖励。

2. 股票期权奖励方式。股票期权是一种权利的授予，被激励者在规定的时间内以事先确定的价格购买企业内部流通的股票（也可放弃购买的权利）。行使股票期权权利时有数量和时间的限制。

3. 虚拟股票奖励方式。虚拟股票是受到奖励者根据虚拟的股票享受一定数量的分红及股票价格升值的收益。虚拟股票之所以区别于股票，是因为它缺少所有权和表决权。虚拟股票不得出售及转让，当奖励者离开企业后虚拟股票自动失效。

二、把握股权激励的关键

何谓企业股权激励的关键？一般来说，要在价值理念、程序保障、专业理解这三个方面展开工作，如表 6-4 所示：

表 6-4　实施股权激励的关键

实施基础	内容
价值理念	要引导股东和管理团队树立一系列正确的价值理念：端正"股东"的概念，在没有完成从一次创业到二次创业、实现产业扎根和确定管理方式之前，所有股东都是投入的概念，而不是享受的概念，股权激励是一套长效、开放、循环的激励机制，不是短期福利计划，更不是套现、造富的手段和工具；股权激励是一次在核心高管内部展开的关于事业发展终极沟通的最佳机会，把核心团队从利益共同体牵引向事业共同体
程序保障	通过一系列方法工具、工作程序来保障股权激励的实施效果：激励范围及激励对象确定；行业激励水平的外部比对；企业激励结构的内部评估；实施股权激励基础分析；理念宣贯；岗位价值评估；业绩考核指标设计；股权激励方案设计；财务及激励效果测算；实施辅导
专业理解	股权激励的设计和实施涉及多个专业领域：公司治理、公司战略、资本运作、上市筹划、人力资源以及相关政策法规等。股权激励机制的建立还必须要求对企业所在行业的发展规律、竞争要害，以及企业经营规律有深刻理解。因此，做股权激励项目通常会配备企业治理专家、战略专家、上市辅导专家、产业研究专家、股权激励专家等多领域专家组合

需要强调的是，一个好的股权激励计划，必须建立在理念端正、程序严谨和专业保障的基础之上，只有这样，股权激励才能切实起到激励效果，为企业的成长壮大奠定扎实的核心人才队伍基础。

第七章

成本控制与核算：降本增效，防范资金风险

成本的三大视角

❀会计视角的成本：成本是利润的减项

对企业而言，成本是利润的决定因素之一，是综合反映企业各项工作质量的重要指标。成本的最小化会相对增加企业获得的利润。成本最小化是指利用规模经济和制造技术的优势，大力降低成本以取得价格竞争优势。

从会计视角来看成本，成本是利润的减项。在其他条件相当的情况下，成本和利润呈反比。在收入不变的情况下，成本越低，利润就越高；成本越高，利润就越低。当市场不再愿意支付更高的买进成本，风险就不可避免。所以降低成本，也就意味着盈利。降低成本是企业经营管理的重点。

我们可以从成本的性态来进一步理解成本。成本性态是指成本总额与业务总量之间的依存关系。按成本性态可以将成本分为固定成本、变动成本和混合成本三大类。

固定成本是指在一定的范围内不随产品产量或销售量变动而变动的那部分成本，即在相关范围内，固定成本的总额不受产量增减变动的影响。比如，企业经营场地的租金、办公费、管理人员和销售人员的基本工资及佣金、固定资产折旧费、保险费、劳动保护费等，都是固定成本。

变动成本是指在一定条件下，成本总额随着业务量的变动而呈正比例变动的成本。变动成本的总额随着业务量的增减成正比例增减，但是从产品的单位成本看，它不受产量变动的影响。比如，计件工资制企业的生产工人工资、按产量法计提的折旧费、原材料费用、电费、汽油费、车辆租赁费等，都是变动成本。

理解成本性态的关键是区分变动成本和固定成本。而判定一种成本是变动成本还是固定成本，要看在企业活动场景中开展具体经济事项时，因企业生产商品或提供劳务的价值带来的变化，是否对所耗费的资金支出产生了某种影响，而不应简单从会计科目中进行对应。如电解铝企业的电费是变动成本，而一家互联网企业服务器机房的电费则为固定成本。

行业越成熟，市场发育程度越高，竞争越激烈，成本因素的影响越大。从某种程度上讲，对成本的预测、决策、分析和控制，决定着一家企业经济效益的好坏。企业区分成本的不同性态，将所有成本分解为固定成本和变动成本两部分，可满足经营管理上多方面的需要，特别是对控制成本和寻求降低成本的途径来说，具有重要作用。

❀管理视角的成本：成本是资源的耗费

广义的成本涉及企业的全部活动，多指完全成本，以成本最小化为目标。广义成本包括正确选择经营方案并制定决策的过程，涵盖成本预测和决策分析，通常被称为成本经营。此外还涉及统筹安排成本、数量和收入的相互关系，以求收入的增长超过成本的增长，实现成本的相对节约，实施相对成本控制。

狭义的成本则是企业为生产产品或提供劳务而发生的各种耗费，多指生产成本。对狭义成本的控制仅限于成本限额的项目，以完成规定的成本限额为目标，在执行决策过程中努力实现成本限额，完成降低成本支出的绝对额，实施绝对成本控制。

财务会计与管理会计的成本观是不同的，这取决于成本内涵的确定是出于会计目的还是决策目的。从决策的需要出发，就必须考虑机会成本、相关成本、增量成本等。因此，财务会计与管理会计在观察、计量和思考企业成本的认知角度和判定方法上存在根本性的差异，其中最重要的不同之处在于，前者所记录的会计成本是指反映在会计账簿上的费用支出，是在静态地记录价值；后者是在评估有限的资源用于某种经济活动时所付出的代价，是在动态地量度价值。这一动一静之间所发生的变化，即是两者各自看待成本的基本观点。

财务会计看待成本，专注于狭义成本，是会计准则上规定的成本，企业使用会计账户记录企业在过去一段时期内生产和经营过程中的实际支出，这些会计账户被称作成本科目，支出被称为会计成本。会计成本主要用来对已发生的经济行为进行审查和评价，最终会影响企业在一定会计期间内会计利润总额的大小。

管理会计看待成本更倾向于广义成本，计算的是企业的经济成本，是企业为过程增值和结果有效已付出或应付出的资源代价，这其中也包括为保证企业再生产而应从销售收入中得到补偿的价值，也可以理解为成本是为实现一种目的而放弃另一种目的所牺牲的经济价值。经济成本影响企业持续经营期间经济利润率的高低和升降等变动趋势，对企业战略目标的实现可能产生直接或间接影响。

❤经济视角的成本：成本是资源的耗费 + 资源的低效率

在经济学中，经济成本是企业使用的所有资源的总机会成本。经济成本既包括企业生产管理中的狭义成本，也涵盖企业经济活动中的广义成本。

管理会计在尊重和沿袭成本性态分类的标准与规则的基础上，

按会计成本分类定义划分成本性态，利用本量利分析和边际分析等管理会计工具预判短期会计利润的趋势波动，按经济成本划分成本性态评估中长期决策的经济性和经济利润的变动规律，分析企业资源配置的效果及效率优化的可行性。在对成本的使用上，重在衡量稀缺资源在不同用途上的配置及其未来代价。

经济成本是指主要从企业长期持续经营的角度去考虑企业前景和战略的安全性和经济性。经济成本中涵盖的隐性成本、安全隐患成本、环境保护成本、机会成本、沉没成本、新增成本、差别成本、边际成本、杠杆风险成本、资金占用成本、人力资源成本、信息分享成本、法律诉讼风险成本等皆可被视为广义成本。下面简单介绍几个常见的广义成本及其基本形态和表现形式，便于大家认识与理解。

隐性成本，是指隐藏于企业总成本之中，游离于财务审计监督之外的成本，包括决策失误引发成本增加、信息失真、效率低下等。其形态具有一定隐蔽性，是由于经济主体的行为有意或无意造成的未来成本和转嫁成本。

会议成本，是一种隐性成本。会议是企业解决问题和发布指令的集体活动，也是一种高成本的经营活动。一般组织会议所发生的成本，包括场地租用费、购置笔本和会议用水的费用、制作会标及会议资料的印刷费等服务费用，这些是能直接看到的且开具发票向会计报销的成本，是从狭义成本角度看待的会议成本。从广义成本角度看，会议成本还包括组织会议的效率和会议消耗的时间。会议活动往往是众多决策者参与的集体活动，其时间成本极高。而很多企业的管理人员并未掌握会议的技巧，普遍存在"会前无准备，会中无主题，会后无执行，与会无必要，时间无控制，发言无边际"的六无现象。这些低效状态和时间浪费，对企业经营者来说，无异于给参会人员集体安排了一次"带薪休假"，企业何谈提质增效呢？像这样的隐性成本存在于企业内部各个角落，多如牛毛，诸如沟通成本、加班成本、人才流动成本、岗位错位成本、流程成本、企业文化成本、信用成本等。

环境保护成本，是指以企业可持续发展为目标，在企业连续经营周期内发生的与节能减排、环境污染与损害赔偿、环境保护与治理等有关的所有经济利益的总流出。环境保护成本的概念，其内容随着环境问题受重视程度的提高而日渐完善，已上升到需要国家治理监管的高度。环境保护成本中也存在着隐性成本。某企业因监督责任不落实疏于管理，造成辖区内多处出现工业污水外渗污染环境的情况，被环境保护部卫星航拍发现，中央环保督察组责成地方政府立即组织调查和现场采样，并要求限期治理与问责。该责任企业用时半个多月完成了环境治理与恢复，发生环境治理与恢复成本近800万元，同时接受了中央环保督察组对完成情况的验收检查并承担罚款支出200万元，这近千万元的成本即为企业支付的环境保护成本。

机会成本，是指为了某种使用所牺牲掉的其他使用能够带来的益处。这一概念拓宽和深化了对消耗在一定生产活动中的经济资源的成本的理解。通过对相同经济资源在不同生产用途中所得到的不同收益的比较，可以使经济资源从所得收入相对较低的生产用途转移到所得收入相对较高的生产用途上，否则就是一种浪费。简单来讲，就是在面临多方案进行唯一性决策时，被舍弃的选项中的最高价值方案的价值是本次决策的机会成本。比如，小刘购买了一个临街的商用楼门店，并开设了一家烟酒批发店，小刘认为房产是自己的，不需要向外人支付房租，因而烟酒店必然是挣钱的。这种认识就是忽视了机会成本的意义。小刘若选择将门店出租也能获得可观的收益，因此，小刘在计算其烟酒店的利润时，需要减掉包括房租在内的成本，剩下的才是其烟酒店真实的利润——当然，我们这里说的利润指的是相对客观的盈利能力，而不是指经过会计调账等技术处理后的那个"利润"。

一些常见的广义成本还包括：

（1）安全成本，包括预防保障费用和事故损失成本；

（2）沉没成本，指业已发生或承诺、无法回收的成本支出；

（3）差别成本，指两个方案的预计成本差异；

（4）杠杆风险成本，是企业在运用经营杠杆、财务杠杆以及组合杠杆时可能引发的经营风险、财务风险和企业总风险等对预期收益的影响；

（5）资金占用成本，指企业因占用资金而向资金供应者支付的各种资金占用费；

（6）人力资源成本，是一个组织为实现自己的组织目标，创造最佳经济和社会效益，而获得、开发、使用、保障必要的人力资源及人力资源离职所支出的各项费用的总和；

（7）边际成本，是每增加一单位产量而产生的成本增量；

（8）信息分享成本，指企业为了优化资源配置和节约社会成本，提高信息资源交换与共享的利用率，而将信息资源与第三方共同分享，企业为此提供的技术支持平台和数据传输技术所关联的净利益流出，以及企业所支付的信息需求获取成本。如快递企业向电商平台开放网关接口，允许电商平台获取其运单信息，其间所产生的成本即为信息分享成本；

在观测经济成本的活动中，在看待机会成本、新增成本、差别成本等时，应更加关注企业的业务模式和收入规模大小；在看待隐性成本、安全成本、环境保护成本、沉没成本（浪费）等时，应更加关注企业的作业方式和管理能力强弱；在对边际成本、市场拓展成本、杠杆风险成本、资金占用成本、人力资源成本、信息分享成本等组合分析时，应更加关注企业的投入绩效和盈利水平高低；在对机会成本、市场拓展成本、环境保护成本、杠杆风险成本、人力资源成本、信息分享成本等组合分析时，应更加关注企业的资本价值和发展步伐快慢。

控制成本才能打败对手

❀成本的背后是利润

一切经济行为都需要成本，但成本得到有效的控制和缩减，将能保证利润得以顺利倍增。成本减少应该被视作利润增加的最重要前提。

一、降低成本的三个层面

如果把企业经营比作战争，那么，提高营业额无疑是"进攻"。当老板一方面想方设法、挖空心思获取"进攻"的胜利时，另一方面也要注意"防守"的方式。巧妙的"防守"能够让你的后方更加稳固，让你能够抽得出更多的时间和精力去争夺市场。同时，高明的"防守"也能带来最大限度的后勤支持，让你有更多的财力和资本投入到对外宣传和营销上去。从这个意义上来看，对成本的控制和管理，将决定你"防守"的质量如何。

那么，从哪些方面入手才能做到对成本进行控制和管理呢？

一般来说，企业的成本主要包括原料成本、经营成本、管理成本和宣传成本。针对这些方面，可考虑三个层面的成本降低方法。

1. 成本预测环节。有了科学理性的成本预测，才能全面提高企业的业绩。在进行成本预测的阶段中，老板要保持科学、实事求是的态度，确定每个生产环节中需要的成本，设置几种不同的方案，作为下一步制订成本计划的开始。大多数老板相当重视成本预测，预测的内容包括原料组成及其成本、人力资源成本和广告成本等。

有了这些预测作基础，才会有之后合理的成本计划。

2.成本计划过程。成本计划需要老板同财务主管人员协同商定，确定能够完成产品供应所需要的总耗费水平。在编制计划的过程中，应该进一步参考财务经理人的意见，并将原本预测所提出的多种方案提供给财务经理人，从中找到最好的收支平衡点。另外，成本计划一定要有不同的时间段，决不能墨守成规，毫无变动。例如，根据不同的季度，制订相应的成本计划，或者根据不同市场行情制订成本计划。

3.成本控制过程。对降低成本这个目标来说，成本控制环节更为重要。它包括管理者对员工的指导、限制和监督，发现工作中所存在的问题和偏差，从而采取积极的纠正措施，在具体生产经营过程中也能够做到压缩成本。

做成本管理，必须要在每个层面都有控制成本的想法，这样才能有效降低成本。同时，让三个层面都围绕着控制成本的动力走下去，企业的"防守"才能更加扎实可靠。

二、精益生产与外包战略

对于压低成本的理解，如果仅仅局限在"省钱"上，无疑是肤浅的，降低成本不能简单地与节约开支画等号。真正的压低成本，除了减少不必要的开支外，更重要的是提高成本的使用效率，降低生产和管理过程中的损耗，从而更好地获取收益。在这个过程中，精益生产和外包战略是值得老板学习和掌握的必要手段。

1.精益生产。精益生产方式是一种以最大限度地减少企业生产所占用的资源，以及降低企业管理和运营成本为主要目标的生产方式。"精"，强调少而精的原则，不赞成投入过多的生产要素，只是在适当的时间内，生产出市场急需的产品；"益"，则是指企业的经营活动都要既有收益，又有收效，具有经济性。因此，精益生产的目标就是精益求精、尽善尽美。

2.外包战略。外包战略同样是很好的节约成本手段。将一些不必由企业自身来完成的工作交给第三方完成，可以在短时间内提供更丰富、更全面、更可靠的产品给消费者，而品牌收益、最终利润又由企业自身所获得。尤其值得一提的是，外包战略能够节约大量的人力资源和管理成本，可以让有限的员工在有限的时间、空间内，将所有注意力集中到最关键的生产和服务上去。

精益生产和外包战略是新时代下企业更高效降低成本的必由之路。尽快改变自己的思路，寻找更先进的降低成本方法，融入新时代的企业发展之路，这才是企业老板所必须予以关注的内容。

从"头"开始，控制成本

从根本上说，一切成本都是由人驱动的，但人的行为是受大脑观念支配的。老板只有"从头开始"，不断增强成本意识，高度重视成本问题，自觉思考成本问题，才有可能不断采取有效的成本改进措施。

一、成本意识的表现

1.表现为将工作过程中的支出与成本、效益挂钩思考的自觉性。老板时时刻刻、事事处处都要考虑成本费用。成本意识强的老板会自觉将企业的生产经营活动与成本、效益进行挂钩思考，并以尽可能低的成本去实现较高的效益。老板的这种成本意识既建立在对企业的高度认同基础之上，也是自身职业修养的重要体现。

2.表现为对成本驱动因素的敏感性。成本意识强的老板对成本驱动因素有着自身的敏感性，对不同工作方式的成本效率有着独到的鉴别力。他们总能选择成本效率高的工作方式，心中有数和精打细算是他们成本意识强的另类表达。

3.表现为提高成本效率的积极性。成本意识不仅仅是节约意识，它更多地体现在对成本效率的不断追求上。成本效率的提高是无止境的。成本意识高的人会不断反省自己的工作，找出问题所在，并努力探求降低成本的方法。

二、强化成本意识

1. 老板要树立精细化经营成本管理理念，进行市场战略定位，在追求工作质量、服务质量提升的同时，实施市场效益、成本效益、资源效益共同发展的战略理念，对经营成本进行全程化、精细化、全方位管理。在不断创新经营成本管理的同时，严格对成本管理进行责任考核、开源节流，实现经营成本的降低增效。要加强对企业内部结构的优化，坚持以人为本的管理理念，最大限度地发挥每位员工的工作积极性、主动性，最大限度地开发每位员工的潜在创造力。

2. 在员工的培训教育中强化成本观念。加强成本费用控制，首要的工作在于提高广大职工对成本费用控制的认识，增强成本观念，充分认识到成本与收益的密切关系；贯彻技术与经济结合、生产与管理并重的原则，培养全员成本意识。

3. 树立现代成本意识。现代成本意识是指重视成本管理和控制工作，不受"成本无法再降低"的传统思维定式的束缚，充分认识到企业成本降低的潜力是无穷无尽的。然而这种降低必须建立在维护企业效益的基础上，因此必须是"有计划、有组织"的。主要从两方面着手：一是扩展成本控制的范畴，由管理部门牵头，扩展到设计、生产、供应等部门，要求每个部门、每位员工都树立良好的成本意识，形成贯穿整个企业的"组织化成本意识"；二是提高成本控制的定位，将成本控制的理念向决策领域渗透，在选择项目的种类、规模时就注入成本观念，确立具有长期发展性的"战略性成本意识"。

❀成本管理，始于足下

尽管成本管理的方法千千万万，成本管理的提高无穷无尽，但真正开展成本管理工作还是要付出有力的行动。

要降低成本，老板可以重点从以下六个方面入手：

1. 把职能性费用降到最低水平。在这个阶段中，每个人在职能范围内做好自我管理工作，并且根据要求，竭尽全力把成本降低到尽可能低的水平。

2. 把交货成本降到最低水平。把包括交货成本在内的各项成本费用降到最低限度仅仅是一个经营管理原则，而不是千篇一律的业务经营守则，更不是交货成本越低越好。

3. 把所有权总成本降到最低水平。可以做出一定的利益退让，以便满足客户的要求。比降低成本和财产的最小化更重要的是，公司在发展之初就要注意经营管理各方之间的平衡。

4. 进一步降低企业销售增值成本。致力于降低与市场营销、销售、工程技术支持、场地服务支持、信息技术费用、行政费用等有关联的成本。

5. 降低与最接近的贸易伙伴有关的企业内部附加值成本。这一阶段要求处理的是对直接供应人、客户和中间商的成本分析。对去除中间环节和加入中间环节都必须要慎重考虑。通过企业之间的相互合作消除重复操作，提高服务质量，减少总体联合成本。

6. 把向最终用户交货的供应链成本降到最低。这一阶段的工作内容就是致力于处理超出核心伙伴范围以外的问题，并对其进行分析。

实施全面成本控制

全面成本控制

全面成本控制，即从实现企业经营战略和保持竞争优势的角度引入动态成本控制思想，是借助成本管理的科学体系，在企业内部实施全员、全面、全过程的管控，通过流程优化、效率提高、技术和设备革新、品质提升、采购控制、费用削减等手段，发挥全体员工的主动性和集体智慧，全方位、全系统地进行控制，从而降低产品的综合成本，增加经济效益。

全面成本控制体现了先进成本控制模式，把孤立的、静止的成本控制活动按照成本形成规律和逻辑联结起来，把各成本动因间的联系作为成本控制的重要组成部分，实施全面、持续、动态的成本监控。全面成本控制存在一个目标体系，包含三个层次：第一，通过成本控制配合企业的战略选择与实施，以获取成本优势，帮助企业取得竞争优势；第二，利用资源、成本、质量、数量、价格之间的联动关系，配合企业尽可能获取最大利润；第三，降低成本。这三个层次之间的主要差别在于考虑成本问题的视角不同。第一层次以企业与环境、企业与竞争的相互关系为视角，以企业的长期发展和竞争优势为重点；第二层次以企业内部为主要视角，考虑到价格、供求等市场因素，以利润为取向；第三层次以企业内部为视角，以降低成本为核心。全面成本控制应把三个层次成本控制融为一体，更多考虑成本控制的战略性，同时重视战术性和业务性，将战略性融入整个成本控制之中，如表 7-1 所示：

表 7-1　全面成本控制目标体系

控制层次	控制目标	功能领域
第一层次	从经营战略出发，以成本优势使企业取得竞争优势	产品选择与营销战略、品牌形象与设计、工程设计、成本与价格定位、售后服务和保证
第二层次	利用资源、成本、质量、数量、价格之间的联动关系，配合企业尽可能获取最大利润	产品规模与批量控制、创新研究与开发战略、产品设计成本控制、采购与存货成本控制、人力资源组织和控制
第三层次	降低成本	产品质量成本控制、生产成本控制、产品包装及物流成本控制

一、全面成本管理原则

要达到成本最低化的目的，必须实行全面成本管理，即全公司、全员、全过程的管理，做到人人参与。只有坚持全面成本管理的原则，才能充分发挥全员的主动性和积极性，使其参与到成本管理工作中，充分挖掘节约成本的潜力，有效控制成本。只有这样，才能把低于竞争对手的成本优势打造出来。

二、全面成本控制观念的核心思想

全面成本控制体现的是全新的成本竞争理念。其核心思想是：

1. 产品成本控制应着眼于整个生命周期和全流程控制。在工业经济时代，制造成本在产品成本中所占比例很大，其他成本（如研发成本、售后服务成本等）所占比例很小，产品知识含量较低，注重生产制造过程的成本控制。而在知识经济时代，产品观念突破了实体形式，在产品成本构成中，研发成本、售后服务成本比例日渐上升。全面成本控制观讲求成本控制的预防性，讲求从事前、事中、事后全面挖掘降低成本的潜力。

2. 产品成本控制应着眼于全方位控制和全员参与。利润流失于企业的各个环节，大企业更是如此。成本控制过程就是各部门、各环节全面降低成本的过程。成本管理、成本控制是企业各个部门与员工共同的任务，只有全员积极参与，成本管理才能搞得好。

3.企业降低成本的潜力是无穷无尽的，市场开发、科技进步、管理创新等因素都是产品成本降低的动因。要强化成本文化教育，消除成本无法再降低的错误思想，真正树立全面成本控制观，不断寻求成本降低的途径。

❀老板应掌握全方位成本控制要点

成本控制的过程是运用系统工程的原理对企业在生产经营过程中发生的各种耗费进行计算、调节和监督的过程，同时也是一个发现薄弱环节、挖掘内部潜力、寻找一切可能降低成本的途径的过程。降低产品成本，老板应从以下几个方面着手进行：

一、财务领域控制

1.提高资金运作水平。首先要开源节流，增收节支；其次要对资金实施跟踪管理，加强资金调度与使用；再次要降低存货比例，加强存货管理。通过这些措施减少资金占用，优化资金结构，合理分配资金，加速资金周转，降低筹资成本。

2.抓好成本事前、事中、事后的工作。事前要抓好成本预测、决策和成本计划工作；事中要抓好成本控制和核算工作；事后要抓好成本的考核和分析工作。应从管理的高度去挖掘成本降低和获取效益的潜力。

3.严格控制、节约费用开支。可以控制的费用应尽量节约开支，如材料费、差旅费等。企业应遵守财务管理制度，坚持勤俭文化，反对铺张浪费，尽量降低制造费用，节约生产费用，严格控制期间费用，压缩非生产费用。

二、策略管理领域控制

1.技术创新，寻求新出路。在成本降低到一定程度后，企业只有从创新着手来降低成本：从技术创新上来降低原料用量或寻找新的、价格便宜的材料替代老的、价格较高的材料；从工艺创新上来提高材料利用率、降低材料的损耗量、提高商品率或一级品率；从工作流程和管理方式创新上来提高劳动生产率、设备利用率，以降低单位产品的人工成本与固定成本含量；从营销方式创新上来增加销量、降低单位产品营销成本。只有通过不断创新，用有效的激励方式来激励创新，才是企业不断降低成本的根本出路。

2. 以销定产，避免盲目生产不适销对路的产品而造成积压。老板应该进行比较准确的销售预测，确定企业所生产的产品究竟有多少是在近期内能够销售出去的。错误的销售预测是一种代价很高的浪费。

三、采购领域控制

一般来说，采购计划要根据企业生产计划来编制，而企业生产计划是根据销售计划来制定的，这样环环相扣，只要销售计划没有大的偏差，采购计划大体上就是合理的。要实现采购管理就要做到：

1. 利用科学的决策分析方法，合理决定经济订货量或经济批量、决定采购项目、选择供应单位、决定采购时间。

2. 进一步推进集中采购制，建立原材料等对外服务的统一采购平台，实现价格、供应商等资源共享。

3. 推进直供制，逐步取消中间供应商；建立采购责任制，强化采购人员、审价人员的责任意识。

4. 整顿辅料、零星物资采购价格，采购价格要在前一次采购销售价格的基础上逐步下降。

5. 探索建立采购奖罚制度，奖罚要与领导和个人的业绩挂钩。

四、生产领域控制

1. 提高设备的利用程度。合理组织安排生产，避免设备忙闲不均；加强设备的维修保养，提高设备的完好率；合理安排班次，实行专业化协作，等等。这样可以减少单位产品的固定资产折旧费用。

2.优化工作流程。从原材料采购开始，到最终产品或服务为止，合理制定原材料、燃料、辅助材料等物资费用的定额；严格健全计量、检验和物资收、发、领、退制度；健全产品、产量、品种、质量、原材料消耗、工时考勤和设备使用等原始记录，为财务统计部门提供有效、系统、准确的信息。

3.减少库存。库存不会产生任何附加价值，却占用空间、占用资金，产生搬运和储存需求，吞食了财务资产。随着时间的推移，库存腐蚀、变质，就会产生浪费；且因技术进步，竞争对手产品改进，产品可能会出现一夜之间变成废品的可能性。降低库存需要从降低库存数量、降低单位价格方面着手。因此，应正确计算取得成本、储存成本、缺货成本，把存货量和库存金额控制在最佳的范围之内。

4.控制人员成本。精减人员、合理定岗定编、控制劳动力的投入是加强用人管理的基础，也是节约劳动、降低人工成本的基础工作。

5.充分调动员工的积极性，确保成本控制有效进行。

6.控制质量成本。要打破提高质量增加成本、降低成本损害质量的旧观念，改进质量成本，加强工作过程中的质量控制，从而减少废品损失、减少返工时间、减少资源耗用，进而降低运营总成本。

五、销售领域控制

1.控制销售成本。销售部门在扩大销售成果、提高市场占有率的同时，要强化销售费用的使用效率，相对降低成本。销售部门要研究、推进销售、服务的营销体系，以规模经营降低成本；研究国家、地方的税收政策，合理进行分公司的税收策划；利用经济决策方法，降低运输成本；利用成本最优决策，提高广告费的使用效率。

2.降低物流成本。企业要通过效率化的配送来减少运输次数，提高装载率及合理安排配车计划，选择最佳的运送手段，从而降低物流配送成本。

企业要想降低成本、提高利润，关键是要将成本控制落到实处，将成本控制与企业的基础管理工作紧紧相连。企业只有提高管理水平，开源节流，降低成本，才能不断提高市场占有率。

❀全面成本管理实施方案

一、全面成本管理操作指导

成本管理职能是互相联系和互为补充的。成本预测是成本决策的前提，成本决策是成本预测的结果。成本预算是成本决策所确定目标的具体化。成本控制是对成本预算的实施过程进行全面监控，以保证决策目标的实现。

二、成本管理的实施方案

具体的成本管理实施方案如图7-1所示：

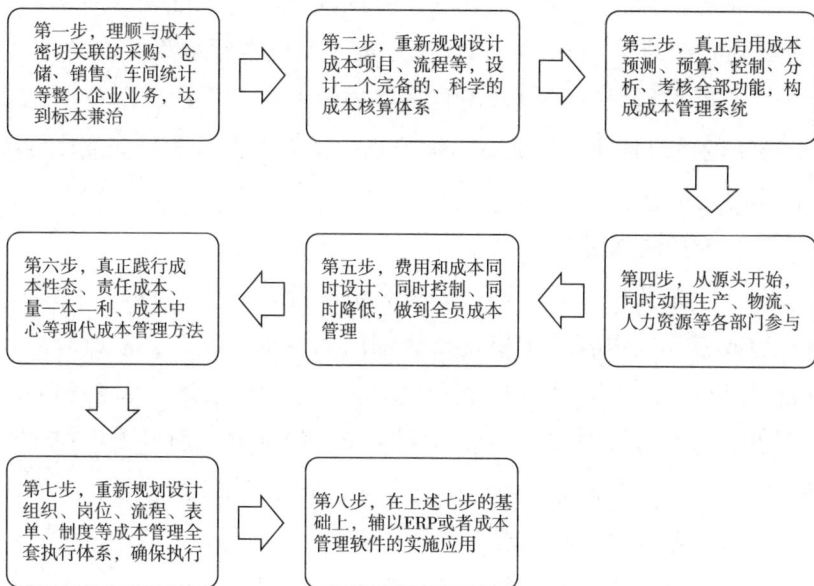

图7-1 具体的成本管理实施方案

成本是企业的"牛鼻子"，成本管理与控制是企业的永恒主题。

产权改革、股权激励等时髦的措施都代替不了强化管理、降低成本这个"传统"工作。但成本管理并不是为了节约而节约，也并不等同于单纯的降低成本，而应该是为了建立和保持企业的长期竞争优势采取的一种措施。

●老板全面成本控制方略

一、成本预算管理

在经营中，有竞争力的企业一般是非常懂得自己应如何节省成本的，因为节省成本非常重要。优秀的老板一定是非常注意成本管理的老板。对投资、折旧费、管理费和定额消耗等，一般都是通过预算来千方百计地节省。这是企业产生利润的基本条件。

企业需要充分重视成本管理，降低成本是一个持续的问题。企业需要通过改进成本管理，以此来形成"低成本营运和低价格竞争"策略。如沃尔玛通过集中采购和先进的企业内控手段，形成了比业界低3%的经营成本，正是这3%的成本优势助力沃尔玛一度成为零售行业的龙头企业。

二、全员成本控制

在一家企业中，每个部门、每个员工都是成本控制者，又都是利益创造者。成本管理不单是核算部门的事情，而是企业所有人员的职责，必须逐步实现成本管理由财务部门控制向全员控制的转变。要让团队的所有人明确：不能只追求局部的利益，而要追求整个组织全局的利益。企业老板需要在企业树立全员成本观念。

三、全方位的成本控制

企业经营成本的控制需要全方位强化，以适应市场环境的重大变化。控制成本是全方位的，通过全方位的成本控制，才能使成本管理更具竞争力，才能使企业更加适应市场变化。例如，在研发过程中，对科研支出的预算、科研项目的立项、科研设备的采购及项目的运作，都需要实施全面的成本控制；再如在营销过程中，对渠道建设、广告策划、营销机构的配置、销售与费用的挂钩等，都要实施全面的成本控制。

四、全过程的成本控制

企业改进成本管理是着眼于业务流程的全过程控制（如图 7-2 所示）。业务流程的细化设计和全面安排，可以优化成本管理，提升成本竞争力。如格兰仕通过强化成本管理，采取全过程的成本控制，使企业建立起在微波炉行业的竞争优势，建立起企业的总成本优势，从而形成在市场上的整体竞争优势。再如沃尔玛的成本控制，通过强化采购管理、品牌运作等每一个业务流程，来形成自己的低价优势，以此来长期维持"天天低价"的市场竞争优势，从而提升自己的成本竞争力。

图 7-2　全过程的成本控制

五、裁减不挣钱的机构

企业在成长过程中，原有的组织设计可能会出现不利的变化。由于市场变化，一些企业昨天还能适应市场，今天就被发现机构臃肿了；一些机构昨天还在盈利，今天就不挣钱了。这就导致企业的机构与业务之间、机构与形势之间，往往存在着不适应的情况。企业可以通过裁减过多的不挣钱的机构和人员，降低经营成本，以此来适应未来的市场竞争。

六、将不具有竞争力的职能外包

企业在经营过程中，常常会有一些自己不擅长的环节和方面，成为其在市场竞争中的短板，或者是研发方面，或者是营销方面，或者是生产方面，导致企业不能提升市场竞争力。企业把这些自己不擅长的业务和职能外包，是企业适应环境变化的重要手段之一。比如，一些企业的业务虽然具有一点竞争力，但是这些业务的竞争能力又不是太强，在持续变化的市场环境中，经常会失去竞争优势。通过业务和职能外包，企业可以降低经营成本，通过高效率的业务运作，提升企业的核心竞争力。

第八章

开展全面预算管理，利用过程机制掌控企业

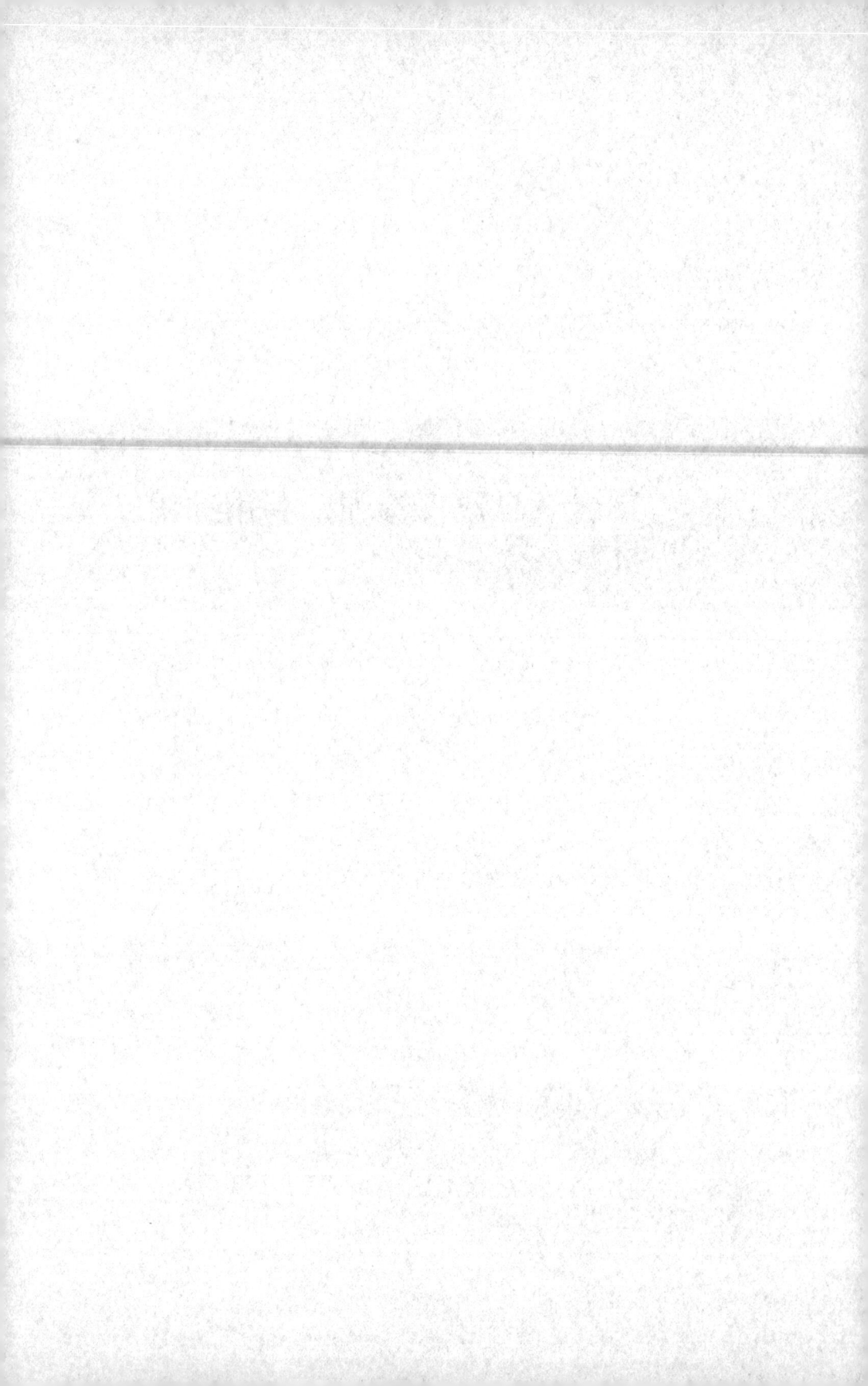

全面预算管理工具的导入

✿企业导入全面预算管理工具的必要性

凡事预则立，不预则废。面对机遇和挑战，企业要增强核心竞争力，迎接改革浪潮中的战略转型升级，构建企业全面预算管理体系势在必行。全面预算管理是利用预算将企业内部的各种财务及非财务资源在部门之间进行分配、控制和考核，以便有效地组织和协调企业经营活动，完成既定经营目标，是一体化、系统化、人本化、战略化的先进管理模式。越来越多的企业已充分认识到了全面预算管理的重要性。

企业需要在传统预算管理的基础上进行信息化、集约化、精细化的管理，运用科学的管理工具，建立全面预算管理体系，从而提高整体运营管理水平和发展质量，提升企业的管理水平和经营效益。

一、如何构建企业全面预算管理体系

要想构建企业全面预算管理体系，可从以下几个方面来进行：

1.强化战略引领，计划分解、植入各预算环节、求解资源优化配置。企业需持续强化战略目标在全面预算管理中的引领作用，通过构建战略预算引领年度预算编制，指导年度预算有序进行。年度预算承接战略目标，为实现战略目标提供具体实施保障。

2.重塑管理基础，明确架构、重树标准、规范流程、强化意识。通过预算管理组织、管理制度、管理流程及数据标准化的构建及持续优化，全面有效地支撑预算管理工作。

（1）建立有效的预算管理组织，明确组织职责，避免管理上的空白和交叉；

（2）管理流程覆盖各个环节，提高及规范企业整体预算编审效率；

（3）构建全面预算管理制度体系，形成规定手册等，支撑全面预算管理规范化；

（4）实现预算与会计核算标准的有效衔接与标准化工作；

（5）提升全员意识，有效贯彻全面预算管理理念。

3.优化管理模型，紧扣关键业务，关注价值导向，实现业财联动。基于整体化管理思路，全面梳理预算管理各层级、各体系管理重点，覆盖所有管理环节，进一步充实预算内容，细化预算要素，体现重点与全面的统一。设计并持续优化预算模型，提升预算管理的专业性和科学性，在模型中充分衔接业务预算与财务预算，对重点管理内容进行精细化设计，并将管控范围延伸至业务起点，使得数据的编制和审核更加科学合理。

二、设定全面预算目标

全面预算目标是对企业中长期战略发展规划的分解与量化，从战略目标出发，根据年度计划，设定预算目标，用以承接预算年度的业务计划与资源配置，同时也是预算编制工作的起点和预算考核评价体系的重要依据。企业要结合战略目标和其他专项工作要求，认真制定预算年度目标，并按目标组织开展预算编制工作。预算前提假设和预算目标的制定是预算目标关注的重点。

1.构建合理、可达成、可量化的预算目标。预算目标的制定应遵循清晰、量化原则，选取恰当的指标对预算目标进行量化，准确反映预算目标的情况，以便于预算的编制及考核。所用的指标应充分考虑企业的业务特点，全面地反映企业的各业务板块。

2.制定完善、清晰、准确的预算前提假设。预算前提假设既包括宏观环境信息的假设，又包括根据企业自身业务特点所制定的假设。

3.设计科学的预算目标制定方法。预算目标的制定需要借助完善、合理的方法，结合企业预算管理现状及实际业务情况，选择合理的预算目标制定方法，避免预算目标不切实际。与战略目标保持充分一致，实现战略规划与预算编制的衔接。预算目标的制定需契合企业战略目标，预算管理是战略管理的核心工具，实现预算目标与战略目标的良好对接可以指导预算编制工作有序进行，更好地提升预算管理的有效性，与企业年度计划紧密衔接，强化业务计划及预算管理的联通。在预算目标制定的过程中，应将企业顶层战略规划、年度财务计划和经营计划相结合，制订综合的企业管理计划。

基于企业战略的全面预算管理

构建一个全面的预算管理体系对提高企业的管理力度及促进企业的高效运转有着举足轻重的作用。企业战略与企业的预算管理是相互联系、相互促进的。在企业战略框架下，运用管理学、经济学、组织行为学的方法，不断构建和完善企业的预算管理体系。而基于企业战略框架的预算管理体系可以更好地实现战略与预算的合理互补，促进企业快速发展。

一、全面的预算管理

经营预算是与企业的日常业务和支出息息相关的各种各样基本活动的预算，包括生产、消费、采购以及直接的材料消费、人工费、制造费用、产品的成本预算、期末存货、销售和管理的费用预算等。对于各种预算来说，除了把握总的方向，还要根据市场的情况进行适当的调整，对各种突发状况及时应对，利用各种弹性预算把握市场机会，保证预算的灵活性。

制定合理的企业战略，对内可以提高企业的向心力和凝聚力，为企业注入新的活力，为企业的每位员工制定合理的目标和任务，使企业的所有员工同心协力，共渡难关，促进企业的快速发展；对外可以使企业更好地适应现代化的经济体制，提高企业在国际上的核心竞争力。

二、全面预算管理对企业战略的支撑作用

全面高效的预算管理体系反过来又可以对企业的战略发展产生积极的支撑作用。结构良好的预算管理体系对企业发展的作用有以下几个方面：

1. 优化各种资源的合理配置。管理体系包括对各种资源、人员、信息、资金的管理和配置，包括对目前现状的研究、未来发展的预计，以及对各种可能增值的机会的把握。预算分析后，还要对预算进行管理，减少不必要的开支或没有经济效益的业务，为企业的持续改进增添动力。

2. 达到全方位、全过程的管理职能，使企业成为一个整体，高效快速运转。全面的预算管理涵盖了各种关于资金、财务、信息、人员方面的预算，各个部门共享信息和资源，实现了企业内外部相关信息的跨部门合理流动，加强了企业的系统性和整体性。从各种不同的控制、沟通、协调、激励的功能方面入手，全面的预算管理为企业的发展带来了实效。

三、基于企业战略的全面预算管理的思想

企业战略下的全面预算管理体系要以企业的战略目标为导向。企业的战略目标是以企业的内外部环境为基础，以目标利润为依据，合理地编制经营活动及各种财务和资源利用方案，控制和管理企业的预算与支出，从而对各种资源进行有效且充分的利用。

预算的各种流程和步骤也都要在企业战略的指导下有序进行，这样才能对企业的系统性和整体性产生更好的促进作用。

简而言之，全面的预算与执行是企业战略目标的实施与细化。战略目标只有转化为执行层面的预算目标才能得到具体的落实。它们之间是整体与部分的关系，两者相辅相成，不可偏废。

以战略目标为导向制订计划和预算

❀预算目标的确定

全面预算管理是企业管理中的一项重要内容，能够推动企业经营管理的顺利进行，确保企业战略目标的全面实现。在企业发展中，老板应对全面预算管理体系进行科学的构建，以战略为导向，在企业战略目标的指引下，实现管理层及职能部门的统一行动，提升企业的经营效率。

一、战略导向和预算管理的联系

1.企业战略是企业预算管理的基础，对企业的长远发展有重要的导向作用。企业主要通过对市场经济进行详细分析并掌握，以及对自身发展情况充分了解而进行战略规划。企业在不同的发展阶段要制定合理的发展战略。企业的战略目标促进企业形成符合自身情况的预算管理模式。企业在确定自身的预算管理模式以后，在预算执行过程中的每一个阶段都要以企业战略为目标。

2.预算管理可以对企业战略具体量化。企业的战略目标是总的方向，在一定程度上是很抽象的。预算目标是企业战略的另一种体现方式。企业的长期发展规划是用预算管理来实现的，将企业的战略规划进行量化处理，使得企业的战略更加明确、更加具体；紧接着，将这些目标分解为短期目标，并且层层分解，使得企业的每一个员工都可以将自身的利益与企业的利益联系在一起，进而使得所有员工都有开展预算工作的热情和积极性。

3. 预算管理连接企业战略和经营项目。预算管理将企业战略具体化，将企业战略详细地划分、渗透到企业的经营项目和日常活动中，使员工的每个行为都是为了企业战略目标的实现而进行。

4. 预算管理可以促进企业战略的完善。在实施企业战略的时候，可以使用预算管理体系，准确找出目标与现实之间的误差，然后进行详细分析，找出存在的缺点，然后进行修正和调整，从而使得企业的战略目标更加完善，合理降低风险，提高企业的竞争力。

二、确立以战略为导向的预算目标

在全面预算管理体系的建设中，每时每刻都应将企业战略当作核心，只有这样，全面预算管理体系才具备实际作用。

在预算目标的设定中，既要注意财务目标，有针对性地围绕企业战略进行设置，还应当对业主的需求进行重点关注，强化项目品质、进程的考核工作，创建一套客观恰当的预算指标系统；为每个部门的每个员工都设定预算目标，并且在实施环节及时反映监督，还要对预算进行考核和评估。

❀在企业战略框架下完善全面预算管理

战略是否合理直接影响着企业的全面预算管理。但是，在许多情况下，预算管理体系还存在很多不足与局限：缺少目标导向、单纯地以财务导向为主而忽视了其他因素、对整个过程的监控和管理不够细致全面、缺少适当的激励和评价机制，等等。

在企业战略框架下要做到全面的预算管理，需要从以下几方面着手：

1. 以市场为主导，以顾客为主体。企业的战略目标离不开市场的影响，掌握市场经济的规律，把握市场发展的方向和脉络，可以为企业规避风险。只有以顾客需求为主，不断改进和创造新的产品，才能使企业不断壮大起来。

2. 以经济目标为主，以其他政治人文目标为铺。经济是支撑企业发展的基石，也是企业的骨骼系统，不断追求更高的经济效益是企业的永恒主题。全面的预算管理不仅要从目标上力图实现经济效益，更应该采取措施，明确责任，具体落实，使每位员工都能产生经济效益。

3. 紧跟时代步伐，抓住信息化时代的发展契机，转变观念，不断进步。信息时代知识经济的长足发展，给企业带来了翻天覆地的变化。利用智能技术和数字技术、电子预算管理系统、信息化管理体系，可以使企业的各种预算和支出更加平衡、准确、高效，更好地为企业的发展增添动力。适当的弹性预算目标能够为企业带来更好的成效。

企业预算管理如何落地

❀加强组织领导，推进预算落地

预算管理的落地既要有领导的重视与推动，又要有职能部门的高度参与。预算的编制方法大同小异，其差别在于执行预算的人和制度的不同。有效推进预算管理工作落地，要防止出现预算做完就被打入冷宫、需要上报时再凑数、预算与实际两张皮的情况。另外，还需要认识到，即使预算不准也不等于预算不起作用，如果企业所处的市场环境发生巨变，企业紧盯预算并及时根据市场变化做出优化调整也是预算管理有效落地的一种形式。

编制预算时，老板要对预算进行把关，防止重要或者重大事项的遗漏。老板对预算的重视，有利于推动预算管理工作的开展，确保预算在编制及执行过程中有必要的应变措施和调节手段，推动预算的执行，使预算管理工作真正落到实处。

老板对预算管理工作的重视，还有助于企业员工了解企业来年的工作重点、发展趋势及奋斗目标，使员工在工作中始终围绕创效益这一中心点来开展工作。

❀提高业务部门参与度，编制高质量预算

目前主流预算编制包括年度全面预算及月度滚动预算。年度预算涉及财务预算、人工预算及销售预算等业务预算。

预算是对企业未来一定时期各项工作的具体规划，做预算的同时要考虑到企业的现状及其所处行业的发展状况。预算编制通常以销售预算为起点，以各职能部门上报的费用预算为基础，根据预期利润目标编制全面预算。在预算编制过程中，会出现按现有水平无法完成既定成本效益目标的情况，这就需要财务部门联合各职能部门对重点成本费用项目进行分析，研究是否可以通过技术改进、流程优化、降本增效等措施改变当前局面，即通过预算引导生产经营业务的优化。财务部门作为牵头部门，引导各职能部门实质性地参与到预算编制过程中。企业各职能部门分别承担着企业各种资源分配的职责，只有各职能部门真正参与到预算的编制和执行中来，才能避免预算与实际业务相脱离。

为了确保预算编制的准确性，要求各职能部门应积极与上下级分管部门进行沟通对接，在保证业务数据的合理准确后再报给财务部门，以减少信息不对称、沟通不畅导致的无效工作。另外，财务部门作为预算编制的牵头部门，还要对职能部门上报数据的合理性进行审核，在加强与职能部门沟通的同时，及时将预算情况上报预算委员会。

❀加强业财融合，确保预算的执行与控制

对上线 ERP 系统的单位，可以通过预算模块设置项目规则，对重点费用项目进行严格管控，对超出预算指标的项目系统自动锁定，设置好无预算不入账的最后一道屏障。

充分利用 ERP 系统的闭环管理功能，将年度预算分解，并将其落实到责任部门。以业务流程为导向，形成分工明确、责任清晰的工作机制和责任机制。横向打通部门分割，使各部门相互协作、高效配合，形成跨部门的联动工作机制；纵向将预算分解到下属单

位，做到指标细化不留空，层层落实，精细管理。

财务人员除严控费用及重点关注大额费用的管控，还要加强与职能部门的交流，对职能部门非经常发生的业务的入账进行指导，对不规范业务进行梳理，确保业务入账正确；加强各职能部门对费用报销的审核权限，即业务人员报销某费用单据时，需先经过相应职能部门的审核登记，让职能部门对其所管辖的费用额度发生情况有更直观的掌握。加入职能部门对费用的管理，有利于严格预算执行，加强过程控制，杜绝非合理预算费用超支，使各专项费用指标都能得到有效控制，保障预算管理落地。

⚙提升分析质量，严格预算考核

预算分析是预算管理有效实施的重要环节，企业定期召开经济活动分析会，重点对比分析收入、成本、费用、利润等各项指标的发生情况与预算进度，可以及时发现各项指标与预算的偏差，然后通过优化生产、调整销售策略等使企业的生产经营活动按既定的优化方案进行。

定期分析有利于强化预算执行的思维，保持预算的过程控制，加强各部门对预算管理的认同。同时，预算分析不能只看结果，更重要的是形成对后期经营活动的指导，能够根据外部环境的变化调整生产经营战略，实现企业效益最大化。

设置科学、客观公正的考核指标对发挥员工的积极性非常重要。因此，建立严格的考核奖惩制度，是保证全面预算管理顺利实施的重要条件。对考核结果中出现的差异，要实事求是地分析，让员工对考核结果心服口服。

如何提高企业预算执行力

❧预算执行与控制

在战略导向下，全面预算管理是企业相对普遍的预算控制模式，这也给企业里的各个部门和每个员工的专业性都制定了相当高的标准，因此，企业必须对人才队伍的组建工作进行强化，优化企业战略导向下的预算执行和预算控制，增强预算编制人员的认知能力。

当然，对预算来说，在编制环节必须强化各个部门的互相交流，持续开展有关培训，培训员工学习财务知识与业务知识，增强员工的全面技能，杜绝预算编制人员由于知识单一而导致预算与企业实际不符的情况发生，从而使企业的全面预算管理工作得以顺利展开。

❧提高企业财务预算执行力的意义和作用

一、有助于实现经济目标

企业的稳定运营离不开资金的支持，通过财务预算管理将有限资源合理配置，物尽其用，从而及时应对市场变化，满足生产经营中对资金使用的需要，实现预期经济目标，保障企业在市场上的优势。若企业预算执行存在问题，经济活动与业务活动没有充足的资金支持，将会导致企业无法对市场变化做出及时响应，失去商机和优势。因此，提高企业预算执行力，有助于企业实现经济目标，进一步提升企业的市场响应速度，增强企业的核心竞争力。

二、有助于成本管理控制

近年来，不仅市场竞争激烈，人力成本、生产成本也都在不断提高，企业利润空间越来越小，合理降低成本对企业来说至关重要。只有将成本控制在合理范围内，开源节流，才能在市场竞争中保持优势。而预算是成本管控的重要依据，要确保每个阶段预算执行的有效性，保障预算编制与执行结果相匹配，将实际发生的费用控制在原定计划范围内，从而更好地控制成本，避免超预算情况的发生，保障资金使用效益。因此，从成本管控角度来看，提高企业预算执行力有助于成本管理控制，有利于企业资源配置结构的优化。

三、有助于企业长期发展

企业的财务状况会影响企业的整体生产经营状况。若企业预算执行存在漏洞，导致财务状态出现问题，将会对生产经营造成负面影响。例如，建筑施工企业若财务预算执行存在问题，将会影响施工进度、施工质量，导致工程无法如期完成，甚至会使工程质量达不到预期标准。这些问题的发生，会导致企业名誉受损、失去市场，难以保持稳定发展。从企业发展战略角度来讲，提高企业财务预算执行力，保障企业拥有良好的财务状况，能为企业稳定运营奠定基础，有助于企业长远发展。

❁有效提高企业财务预算执行力的措施

一、强化预算执行管理

面对新经济环境对预算管理带来的影响，提高预算执行力势在必行。要想提高预算执行力，企业就要树立预算执行意识，强化流程管理，做好过程控制工作。具体来讲，企业在预算执行管理方面，要突破传统的事后管控思维模式，向全过程管理模式过度，针对执行过程影响因素进行管控。在预算编制阶段要考虑到预算执行影响因素，合理确定预算使用效益，明确预算执行指标、执行流程，制订详细预算使用分解计划，提升预算编制的预见性，使预算执行与编制紧密连接，从而提高预算执行的主动性和实效性，强化执行力。

二、完善预算执行制度

企业在财务预算执行过程中经常出现问题，预算执行严重滞后，其根本原因是预算执行制度缺失，预算执行有效性、实效性难以得到保证，易出现无预算执行问题。因此，企业应提高财务核算准确性，进一步完善预算执行的相关管理制度，从而为企业财务预算执行提供制度支撑。在制度的制定过程中，要结合企业实际情况，针对预算执行的不同阶段，制定不同制度规范，从而确保制度的适用性、科学性，使预算执行的各阶段都能得到有效管控。

三、规范预算执行过程

预算编制与执行差距大是导致超预算问题发生的主要原因之一，而导致编制方案与执行结果差距过大的原因是执行过程不规范。因此，要想提高企业财务预算执行力，解决预算编制与执行差距大的问题，就要进一步规范财务预算执行过程。具体来讲，预算编制与执行要有统一目标，做好事中分析与控制，明确执行重点，从而强化预算执行事中分析的有效性，提高预算执行透明度，以便于更好地确认预算执行情况，为完成年度预算奠定基础。

四、加强预算执行监督

监督力度不足、难以对执行过程形成约束力就会导致执行力不足，自然无法达到满意的执行结果。因此，为提高企业财务预算执行力，必须加强执行监督，明确执行过程中的责任与义务，设置具有独立性的监督小组，针对实际情况，根据预算方案，监控和跟踪执行情况，并进行季度和半年度预算考核，从而更好地掌控资金流向，及时发现预算执行过程中存在的问题，强化预算执行效果。为确保监督的有效性、严谨性，要做好考核评价，强化问责机制，对监督情况进行考核评价，提高相关人员对执行过程控制的重视程度。

第九章
健全内部控制体系，通过制度控制企业风险

从相信人到相信制度

❀曲突徙薪与防患于未然

很多人都听过"曲突徙薪"的故事：

有位客人到某人家里做客，他看见主人家的烟囱是直的，旁边又有很多木柴。于是，他告诉主人，最好把烟囱改弯曲，把木柴移开，否则将来可能会发生火灾。主人听了没有任何行动。不久后，主人家里果然失火了，四周的邻居赶紧跑来救火，最后火被扑灭了。主人请客感谢邻居帮忙救火，却没有请当初建议他将木柴移走、改弯烟囱的人。

有人对主人说："如果你当初听了那位先生的话，今天也就不用请客了，也不会有火灾造成的损失，今天你置办酒席、答谢客人，却没有感谢当初给你提出'曲突徙薪'建议的人，真是奇怪啊！"主人听后马上就明白了，赶紧去邀请当初给他建议的那个客人。

如果企业的财务管理还是停留在事后控制阶段，缺乏财务前期规划意识，结果就是管理人员成天扮演"救火员"的角色到处"灭火"，一旦碰到"特大火灾"，企业的所有财产就可能灰飞烟灭。正确的财务管理思路应该是提前规划好企业的财务战略，建立健全财务制度，选择合适的财务人员，加强财务知识的培训普及工作，做到事前有规划、事中有控制、事后有分析，把财务风险消灭于萌芽状态中。

万事都要做好预测和规划，即使企业处在高速发展的繁荣时期，也要充分预计未来各种可能出现的情况，正所谓"预则立，不预则废"。事先预测并采取措施，防患于未然才能从根本上解决问题。因此，应强化财务预测与预算的理念。

✿企业内部控制环境

企业内部控制环境是企业内部控制存在的土壤，也是其他内部控制组成部分的基础，为企业内部控制提供了基本规则和构架。企业内部控制环境因素包括：管理层与员工的诚信度、道德观和能力；管理哲学和经营风格；管理人授权和职责分工、人员组织和发展方式；董事会对内部控制的重视程度。控制环境决定了企业内部控制的基调，影响着企业员工的控制意识。

企业内部控制环境反映了企业治理层和管理层对内部控制及其重要性的态度、认知和措施，建立良好的控制环境能使企业的内部控制运行获得事半功倍的效果。内部控制环境表现在企业治理结构和企业文化建设两个方面。

1. 构建良好的企业治理结构。企业治理结构是一种联系并规范股东、董事会、高级管理人员的权利和义务分配，以及与此有关的聘选、监督等问题的制度框架。简单地说，就是如何在企业内划分权力。良好的企业治理结构可以解决企业各方利益分配的问题，对企业能否高效运转、是否具有竞争力，具有决定性的作用。

2. 建立诚信的企业文化。诚信的企业文化能使员工忠于职守，并能营造良好的工作氛围，让员工积极参与到企业制度的设计和运行工作中来。企业文化建设包括培养员工的道德、价值、能力和责任等，从而形成正确的企业文化导向。

良好的内部控制环境的另外一点是要管住"一把手"，管住"一把手"等于扶正了"上梁"，"下梁"会效仿之。内部控制如果对"一把手"的权力使用制约到位，那么企业就会很少会出现系统性的责任事故。内部控制好的企业，"一把手"大都是廉洁自律的。"一把手"会给下属带来示范效应，进而形成良性的企业文化。

❋建立健全严密的内部控制制度

内部控制制度的建立健全是企业健康有序的保证。企业内部控制系统必须覆盖到企业的各项业务、各个部门和各级人员，并渗透到投资决策、执行、监督、反馈等各个环节。同时企业还必须建立科学的授权制度和岗位分离制度，对掌握企业内幕信息的人员实行严格的批准程序和监督处罚措施。

内部控制制度构建流程主要包括：

1. 项目启动。全面了解相关内部控制的规定和要求，明确高管基调，完成管理的组织架构和前期培训，围绕着企业的战略目标、经营目标拟定企业内部控制目标。

2. 体系建立。通过范围界定、开展流程描述和风险评估，建立起风险控制文档，进行差异分析，查找控制的缺陷，提出改进建议，初步建立起企业内部控制体系。

3. 实施改进。强化培训，明确每个部门、岗位的内部控制职责，将内部控制执行作为一项重要指标，指标细化量化到具体的部门、岗位和个人，建立考核机制，成立内部控制执行考核小组，为内部控制有效执行提供保障。

4. 测试与审计。企业按照"测试—整改—再测试—确保有效"这一主线，开展管理层测试并接受外部审计，在此基础上实施跟踪整改，每年都对内部控制进行自我评估与测试，保证体系长期有效运行。

5. 维护及改进。对已建立的内部控制制度要持续维护改进。

❀财务管理制度能防范风险

企业内部控制的缺失或失效是导致企业经营失败、会计信息失真及不守法经营等的主要原因。企业的领导者都想把企业搞好，但苦于不知道如何建立内部控制系统、不知道如何利用企业内部控制机制，往往个别员工出事，就"辛辛苦苦好几年，一夜回到解放前"了。所以，老板在企业建立内部控制制度非常关键，且应有所创新和发展。

制度往往比人更可靠。好的制度设计对每个组织和整个社会都是非常重要的。"无论一件事情、一个组织，还是一个国家，当靠人性的自省自觉，靠说服教育、靠他人的监督都解决不了问题时，那只有靠完善的制度"。

内部控制的核心要义

❀控制是一门艺术

企业内部控制也是一种管理活动和管理过程。但企业内部控制活动也是有成本的，不仅包括人力、物力、财力的投入，还包括这些资源投入造成的机会成本。企业在决定何种生产经营活动环节需要加以控制，需要采用何种方式、方法进行控制，以及控制到何种程度时，都要进行成本和效益的全面分析，要对比分析由控制措施带来的相关环节损失风险的减少或经济利益的增加能否弥补因采取该措施造成的成本。如果能够弥补，则控制是有意义的；否则，就是无意义的。至于如何在控制的利用与代价之间进行权衡，不仅需要科学地分析，有时还需要进行艺术地把握。艺术是行为的最高境界，内部控制也不例外。

如何使企业的内部控制得到有效执行，一般有如下方式：

1. 沟通。沟通应该贯穿于内部控制中的所有环节。如果沟通不好，虽然有程序，也会产生程序上的不协调。只有沟通在内部控制活动的所有要素生效，才能使流程、控制顺畅。如何进行沟通？需要培训，通过培训正确认识内部控制，通过培训建立沟通的基础。

2. 实施内部控制还应有权力来源，也就是说，要有一个授权体系。每一件事都必须选择恰当的人做最终审批，签字了就必须承担全部责任。通过建立授权体系，把权力放在最合适的职位，然后通过一个考察部门对一年中所有签过字的文件进行考核，建立完整的监督机制。

3.控制体系与绩效评价结合起来。这就涉及考核指标的设计，考核指标应设计合理，与企业的目标相连接。很多企业指标设计不合理，明明知道完不成，就靠造假来完成。最有效的内部控制应该最适合评估。

内部控制是企业管理的必要基础环节，企业所处的阶段或企业的规模都对内部控制有着强大的影响，必须根据企业所处的发展阶段和企业的规模设计企业的内部控制。

❀控制要抓"牛鼻子"

老百姓说：牵牛要牵牛鼻子。"牛鼻子"就是事情的关键和要害。抓住了牛鼻子，牛会跟你走；抓住了牛尾巴，你只能跟牛走。

内部控制的方法包括很多方面，要取得成效，就必须学会抓"牛鼻子"，抓住关键。

加强内部控制，一要抓好关键人，如分支机构负责人和财会部门负责人；二要把握住关键部分，即审批程序、资金调度、交接手续等；三是管好关键物品，如重要的发票、银行票据及印鉴等；四要控制住关键工作岗位，如现金、出纳、收支事项及凭证的核准等。

企业内部控制体系的构建

❀企业内控体系的构建基础和前提

经济事项运作流程主要有业务流、资金流与信息流。构建企业内部控制体系离不开信息技术的支撑，因此，企业必须促进信息技术与内部控制体系的紧密融合，采取专业的技术管理措施，提升计算机信息系统的自动维修能力，确保该系统能够自行处理各种基础故障。其次，因为企业会计信息系统时常会遭受网络病毒侵蚀和蓄意破坏，所以保护企业财务机密、维护计算机系统的安全性，必须控制好企业会计信息系统，提前制定完整的补救方案，这样有助于将经济损失降到最低限度。

另外，在信息化与工业化的深度融合背景下，企业应重视促进信息化与本组织内部制度的融合，优化企业管理流程和业务流程，推进信息化与本组织内部制度建设，全面提高企业管理效率。而且，在信息化与工业化融合的背景下，企业信息化技术决定着内部控制规则的科技含量，如果信息化技术落后，内部控制规则就不是特别明确，很难提升整体工作效果。因此，企业应重视提高信息化技术，重新制定内部控制规则。现代社会，再先进的管理理念也都要通过信息化来完成。把复杂的事情简单化，简单的事情量化，量化的事情流程化，最后固化，这就需要用信息化方法。

❋企业内部控制体系的构建原则

一套完整有效的内部控制体系有助于实现内部控制的目标，进而实现企业的目标。完整有效的内部控制体系除了应当满足相关规范的要求，还应当体现出其所应具备的系统性、适当性及预防性功能。在进行内部控制体系构建时，企业应当遵循以下原则：

一、系统性原则

由于内部控制的内涵越来越广泛，与企业的经营者及企业的经营目标联系越来越密切，各个构成部分不断融合为一个不可分割的系统。因此，内部控制体系的构建首先要遵循系统性原则，即内部控制系统应当涵盖企业的所有层面，并相互协调，使企业的治理层次、管理层次有效地整合为内部控制体系。

二、可操作性原则

一套具有可操作性的内部控制体系必须从企业自身特点出发，遵循成本效益原则，并充分考虑到内部控制的局限性。企业进行内部控制体系构建时，应充分考虑企业的特点，主要考虑企业内部环境、企业规模及行业特征、企业经营战略、成本因素等。认真进行成本效益分析，实行内部控制所花费的代价不能超过由此而获得的效益，否则应舍弃该控制措施；正确认识内部控制的固有局限性，比如，内部行使控制职能的管理人员滥用职权、内部承担不相容职务的人员串通舞弊、由于遵循实施内部控制的成本与效益原则而影响内部控制的效能。

三、预防性原则

预防性原则主要表现为对各类风险的分析和防范。预防性原则的实现主要有赖于企业风险管理机制的设立、内部牵制制度的实施及业务活动的流程化设计。要建立风险管理机制，如设立风险管理组织机构和风险预警体系。实施内部牵制制度，有效地减少错误和舞弊行为。设计流程化的业务活动，企业业务活动控制应当按照业务循环来设计，对企业的主要经济业务应当设计流程化的内部控制制度，并与企业的信息系统相结合。

❀企业内部控制体系的三个阶段

从广义上来讲，企业内部控制体系分为三个阶段：第一阶段是构建合法的内部控制体系，第二阶段则是将企业内部控制规则嵌入业务流程，第三阶段则需要促进内部控制管理体系和企业管理的有机融合，从而充分发挥企业内部控制体系的作用和企业管理职能。

辅助控制——内部稽核

✿为什么要利用内部稽核

作为企业集团的管理者，不仅要顾及企业集团总部的情况，也要顾及各个子公司或分公司的运营情况；不仅要了解业务的开展情况，更要关注下属公司负责人是否在为公司的整体利益而管理着子公司（分公司）。然而令老板头痛的是，自己无暇抽出时间去调查这些事情，这时内部稽核这一组织形式就成为集团管理者最得力的助手。

内部稽核的目的，在于查核企业的各种业务活动，为管理者提供适当建议，帮助其落实责任。故内部稽核人员必须熟悉企业活动的各方面，以便做好各项服务。

✿内部稽核与外部查账的区别

内部稽核与外界查账不同。企业领导为证明每年度对股东及其他有关机关、人士所提供财务报表的真实性和可靠性，须委托外界会计师查账证明，会计师查账与内部稽核人员查账所用方法虽大致相同，但两者的目的和性质不一样。现将其差异列表说明，如表10-1所示：

表 9-1 内部稽核与外部查账的差异

	内部稽核	会计师查账
目的	查核企业决策、计划及所制定的管理制度、办法、程序等是否已被确实遵循，内容控制是否完善，各个个体活动是否有效率和达到预期效益	确证财务报表资料的可靠性，证实会计事务所的处理符合一般公认会计原则
责任	对企业领导负责，为提供客观独立的建议而查账	对委托者负责，为满足委托者需要而查证其报表、资料的可信赖性
人员	企业内部人员	企业外部专业人员
对象	企业组织系统、企业功能、管理制度和办法、工作程序	财务报表、资产、负债及收支损益各科目
态度	直接查核记录、资料，以及制度、办法、程序，并可专案调查已发生的不法事宜	除非与财务报表有关，或受到重大影响，使报表不能如实表达实际营业情形时，才积极查核不法事项
时间	内部稽核工作是持续的，无次数及时间限制	会计师查账通常是每年一次，在年度结束、完毕决算、财务报表编后办理

接受建议，改进缺陷

对内部稽核人员所提供的建议，企业老板应能正确判断，并有立刻改进缺陷的决心。

对内部稽核的查核结果，若发现记录不准、工作有错误，企业老板应让人查明原因，若为经办人疏忽或处理不当所致，应责其立刻改正，并严格规定其在今后注意正确办理，否则将予处罚。如果不准确和错误的原因是未遵照企业既定政策及规定办法办理的，则可能是因为各部门工作人员执行不力，或企业既定政策规定的办法不够合理，前者应追究个人的工作责任，予以告诫处罚；后者应检查原有各种规定及办法，看看何处有缺失，哪些地方不合理，逐一予以改进。

对内部稽核评估各种业务绩效，企业老板应了解其评估方法是否公正准确。若评估方法合理，则被评估绩效欠佳的业务，应研究其欠佳的原因，是无法克服的外界因素所影响，还是内部管理不当或努力不够所致？原因查明之后，就应针对原因，采取措施。

对内部稽核提供的改进建议，企业老板应加以研究判断，如其建议确实正确可行，就要果断予以实施；若其建议尚未完全成熟，或有其他相关问题发生，应指示相关人员再行研究分析，重新提供报告。对建议置之不理，是最应避免的做法。

能否接受别人的意见，常因各人的学识、涵养的不同而异，身为企业领导，必须有接受别人意见、改进缺陷的雅量。内部稽核是以超然立场，对企业领导提供服务，故只要其意见及建议对企业有益，就应该予以支持并改进。

第十章
重视财务转型战略规划，优化财务组织和人才

结合企业实际开展财务管理提升规划

✤加强财务管理，提升企业竞争力

财务状况是企业竞争力的一大要素（如图 10-1 所示）。财务状况主要指用一系列财务指标来表明企业对各种资源的经营效率和各种债务的偿还能力。这类指标有表明收益性的毛利率、经营利润率、投资收益率、自有资本收益率、每股盈利；表明清偿能力的流动比率、速动比率；表明企业资源利用程度的库存周转率、固定资产周转率；表明企业成长性的销售额增长率、利润增长率等指标。

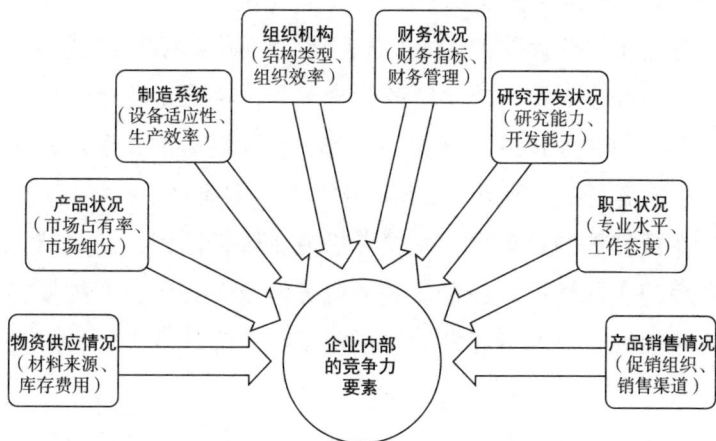

图 10-1　企业内部的竞争力要素

财务竞争力是一种以知识、创新为基本内核的、扎根于企业财务能力体系中的、有利于实现企业可持续竞争优势的整合性能力，是企业各项财务能力高效整合后作用于企业财务可控资源的一种竞争力。财务竞争力是企业在实现其财务经营目标过程中所表现出来的能力，是企业的财务战略、财务资源、财务能力、财务执行、财务创新等有机结合所产生的综合实力。

财务竞争力是企业竞争力中的局部能力，相对于企业竞争力的系统性而言，具有一定的独立性。通过提高财务竞争力可以改善企业的财务管理水平，也可能使得企业的收益暂时得以提升，但企业竞争力的提高，还需要通过组织的各种职能来实现。

实践证明，通过成功实施企业财务管理，企业的竞争力也会随之逐步提高。

❀在做好内控管理的基础上提升财务管理

一、加强财务预算管理

针对企业财务管理存在的上述问题，必须从内部控制视角出发，实施有效的改进对策，减少财务管理漏洞，降低企业经营风险。首先应对企业的财务预算制度加以完善，加强财务预算管理，为内部控制的实施奠定良好基础。具体应从以下几方面着手：

1.在预算编制过程中，既要考虑成本降低因素，又要结合企业经营管理的实际情况，确保产品或服务质量，突出企业的核心竞争力，从而确保企业的良好发展。不能单纯以降低成本为目的开展相关预算工作。

2.落实预算管理制度，提高预算管理的执行力。通过健全相关监督机制和绩效考核机制，在科学的绩效指标体系下，对财务预算执行情况进行监督，及时反映预算执行问题，并找出有效的解决措施。

3.制定配套的奖惩措施，在清晰划分管理责任的基础上，对管理人员的工作成效和过程表现进行评价，给予其相应的奖励或惩罚，激发其工作主动性，并起到一定的约束作用。

二、完善内部审计制度

企业必须不断对内部审计制度进行完善，结合企业经营管理的实际情况，以提高企业经营效益为基本目的，对内部财务管理活动进行科学审计。对此可采取以下几方面措施：

1. 提高财务部门和审计部门的工作独立性，支持企业内部审计部门独立开展审计工作，从而保证内部审计制度的有效落实，避免内部审计受人为干扰。

2. 加强内部控制和审计工作的宣传教育，让企业所有成员提高对内部审计工作的认识，主动配合审计部门开展工作，提高审计工作效率。

3. 明确审计部门的职能和权利，财务部门要主动接受内部审计工作，并配合相关工作的开展，提供真实的财务信息。在制度上对财务工作人员的行为加以约束，避免审计工作受到阻挠。

三、做好管理流程控制

企业财务管理的内容较为复杂，包括财务核算、财务分析和财务决策等，每个环节的工作都有一定的关联，任何一个环节出现问题，都可能导致财务管理失效。站在内部控制视角，应通过加强财务管理流程控制，确保财务管理规范化进行。具体应采取以下措施：

1. 在开展财务核算时，应充分结合企业经营的实际情况，全面收集原始数据，对各项指标进行准确核算，确保核算结果的可靠性。

2. 采取科学的方法和先进的技术为财务分析工作提供支撑，改变以往的主观判断行为，通过信息化工具对原始数据进行统计和分析，为财务决策提供支持。

3. 加强对财务决策环节的监督和控制，认真审核财务分析报告和项目可行性报告等，确保财务决策符合企业发展战略，避免因盲目投资给企业带来经营风险。

❀财务共享对企业财务管理的提升

企业需不断探索合理的管理模式，使财务系统逐渐集中化，通过构建并应用财务共享体系，充分提高企业财务管理水平。

一、进一步促进财务管理模式推陈出新

在信息技术飞速发展的大时代当中，传统财务管理模式已经不能满足企业自身可持续发展的需求，企业发展迫切需要更新财务管理模式。因此，财务共享模式应运而生，该先进的财务管理模式为企业发展注入了新鲜血液。落实财务共享服务模式，需有对应的信息技术体系予以支持，财务共享以其专门的数据库为支持，可以为企业实现集中核算和管理提供有效的支撑性平台。

二、有助于监察和审计工作有效落实

积极推行财务共享化的管理模式，将企业原本的购销、费用预估、账务报销及资金支付等融合到一起，在统一化的系统中进行线上审批。先由部门负责人对项目进行审核，再由财务负责人或财务总监对项目进行复核，然后由项目经理审批。最后，由财务共享中心内部的财务人员开展初审和复审，构成专业凭证。经过企业各个领导层、管理层把关、审核、决策，可有效减少审计及税务处理方面潜在的风险，为企业安全运行打下基础。

对企业中的一些特殊情况，需要出具专门的付款申请及承诺书，文件齐全才可以通过财务审批，允许付款。各项工作都要有对应的负责人，为事后出现异常或者纠纷时提供解决的依据及保障，减轻财务人员的整体工作压力。

三、有助于提高资金利用效率，强化资产管控效果

企业落实财务共享管理模式后，就可以以共享平台为基础，以资金集中支付的方式，强化内部资金管控，从而实现企业的各项工程、业务的零现金管理，提高企业综合资金风险管控及统筹调配能力。

对可能出现的内控风险，借助财务共享管理模式的支持，可迅速发现基层单位经济业务中的不良现象，了解不符合企业自身规章制度的多种内容，并及时反馈给综合管理部门，勒令其整改。可以将事后补救及时转变为事前预防和事中控制，减少风险发生后对企业造成的影响。要注重公司资源的整合利用，落实精细化管理，大大提高财务数据效率，使财务共享能够提高企业的综合效益。

财务共享管理体系更加流程化、标准化，能够将各个部门的财务管理工作统一化，以固有的模式有效控制可能出现的多方面风险。相关业务、项目按照企业自身统一化的管理流程有效控制风险，可提高企业自身的整体风险管控能力。项目执行需按照审批时通过的资金支付计划展开支付，规划好各个阶段的资金，发挥资金的最大化价值，将资金用在"刀刃"上，提高资金利用效率。

四、推动财务基础工作进一步规范化发展

财务共享系统并不是一种简单的财务软件，它需要企业内部的会计核算科目由企业管理部门统一设定，各个子公司及项目没有权限对科目库的信息进行更改。财务共享中心中的工作人员、供应商、客户等辅助性的结算信息若需要添加，则需要对应项目负责人员及时申请，经共享中心负责人员批准之后，统一添加，严格控制项目财务人员的自主权。这样一来，整个企业内部的财务数据高度集中、统一，为相关工作数据的查询带来莫大便利。财务共享中心支持下的企业管理休系，设有费用管理、费用报销、收入成本、总账报表、资金结算等多个科室。从发票审核到核算规范化再到最终资金使用，各个审核组提取不同单据，按照标准审核。对财务的管控力度突出，可避免财务管理上出现诸多漏洞，也可避免项目财务人员在面对各个部门的业务报销时为难。

五、有助于提升财务人员专业化技能，强化人力管理

财务共享系统的应用对财务人员提出了一系列新要求，要求财务管理人员与时俱进，积极补充新知识，了解时代的大势所趋，强化自身服务意识。同时，管理部门要构建一个实事求是、积极服务的财务工作队伍。财务共享系统的应用将财务核算、出纳等岗位集中起来，对财务人员的综合水平以及对人力资源的管理都提出了新要求。它还减少了财务人员配置，使财务人员有更多机会和时间参与到各个项目中，为企业可持续发展提供更多符合实际的决策建议，提高企业综合效益。

财务创新

❀企业财务文化的创新

广义的财务文化是指影响企业财务发展的不同管理模式，包括宗教、信仰、政治、经济、法律制度等多样化的人类活动方式以及行为和精神方面的复合体，包括财务物质文化、财务制度文化及财务精神文化。

狭义的财务文化是指企业财务人员的意识形态，主要指的是企业财务从业者在开展企业财务管理工作过程中形成的一种文化观念，更多的是指财务人员的思想意识和价值观念，以及道德品质和精神风貌等方面的内容。企业财务精神文化对相应财务管理工作起支配和指导作用，能够有效帮助企业财务文化的形成和发展。财务物质文化和财务制度文化与企业的内部经营管理方式和外部的经济环境有十分紧密的联系。

一、构建企业财务文化的出发点和落脚点

在企业经营管理过程中，要明确企业经营管理的根本。企业的发展依靠人来实现和落实，同时，企业的生产经营活动也需要依靠人予以开展。在企业经营管理过程中，要明确人的重要作用和价值，在开展企业财务管理的过程中，需要人来进行开发和落实、应用，最终的成果也需要人来分析、判断以及做出后续的决策。所以，在构建企业财务文化的过程中，需要以人为出发点和落脚点，构建起以人为本的企业财务文化。

二、建立以财务责任为中心的企业财务文化

企业要建设以财务责任为中心的企业财务文化，将基于企业财务责任治理的价值创造理念植入企业的精神层面中，为企业财务治理的设计和有效运行提供相应的基调、氛围和执行力。

一方面，要自上而下地植入以财务责任为中心的企业财务文化。老板必须积极推进并率先垂范以财务责任为中心的企业财务文化建设，这样才能有效推动全体员工自上而下地认同、拥护并自觉遵行企业文化中的财务责任理念。在此基础上，还必须自上而下地与企业战略相融合，以发挥其价值创造功能。

另一方面，要塑造以财务责任为中心的企业财务文化，应当着重塑造"包容创新、价值创造、和谐共赢"的财务价值观。

"包容创新"代表了企业财务价值观的基本价值准则，是指企业财务必须与时俱进，既要接受和适应各种与企业财务有关的新兴事物，同时自身也要不断积极创新，以适应经济环境和金融环境不断创新发展的客观趋势。比如，为员工设立企业年金、购买商业保险等财务分配行为就是企业财务发展到一定阶段才出现的创新财务行为。

"价值创造"代表了企业财务价值观的基本价值取向，反映了企业财务责任的内在要求，指明了企业财务活动的主要创新方向与努力方向。

"和谐共赢"体现了企业财务价值观的基本价值目标和利益相关各方对企业财务责任的客观要求，表明了企业与利益相关各方通过财务活动共生共荣的共同利益、共同目标。

❀企业财务管理的创新

财务管理的根本问题是提升创新水平，综合提升财务管理能力，确保企业财务管理的综合化和合理化，确保企业财务管理在企业中

发挥出重要作用，帮助企业提升发展。

在如今的网络经济环境下，我国企业财务管理工作呈现出诸多不足之处。比如，管理层对财务管理认识不足已成为企业财务管理创新的主要阻碍；财务管理人员创新意识缺失，导致在进行实际财务管理工作的过程中，无论财务管理的质量还是效率均未真正达到目标。企业中有很多财务管理人员往往直接依据传统的工作模式开展工作，对其中存在模糊界限的问题通常会忽略上报，使得问题不断积压，导致较大的财务隐患出现。

企业财务管理创新可以从以下三个方面进行：

1. 要形成有利于企业财务管理创新的环境。企业所处的环境会对企业管理创新产生很大的影响：在良好的创新环境下，人们都会变得精力充沛、敢于尝试；在较差的创新环境下，人们的积极性会被慢慢磨灭，害怕创新，使富有想象力的人难有作为。为避免这种情况的出现，企业应营造一种气氛，鼓励创新，让企业里的所有人都敢作敢为，增加知识储备，提升创新能力。

2. 为企业财务管理创新制定定量目标。加快企业财务管理改革的速度才能适应环境所需，随之要出台配套的考核标准。在考核时需考虑到何为创新、产生的效果、创新要求，以及是否需要每个人都参与。

3. 提高企业财务管理人员的创新能力。市场环境千变万化，这就要求每家企业均需有创新意识。培养企业员工创新能力指的是让许多创新思想、技巧、决策不断出现。评价一家企业领导好坏的重要标准之一，就是这个领导是否具备创新意识。

❀企业财务管理的转型

传统的财务管理模式主要由财务计划、财务日常管理和财务分析组成。这种传统的财务管理模式有三个特点：一是以销售和利润最大化为导向，追求短期目标，忽视股东财富的创造；二是以日常理财为重点，形成"记账"的会计和"管钱"的财务这样的财务体系，决策支持能力差；三是业务与财务脱节，出现"两张皮"现象，导致企业财务处于"失控"状态。这种传统的财务管理模式对企业具有很大的负面影响。

企业财务管理模式的转型，不能用"改进"或"改良"的方式来解决，必须对其进行再造，即对其进行一次彻底的变革。这里"再造"的意义不在于对现有事物进行修修补补，也不是不触动基本结构而做一些渐进式的变革，而是把旧的制度扔到一边，回到出发点，推倒重来。

传统财务管理的转型需要从五个方面进行"再造"，如图 10-2 所示：

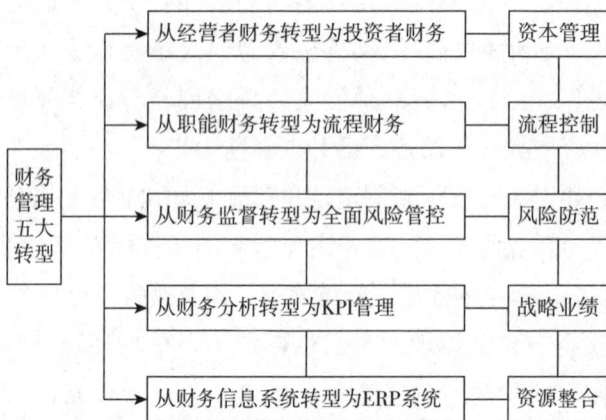

图 10-2 企业财务管理的五大转型

一、从经营者财务转型为投资者财务

从经营者财务转型为投资者财务，不仅要转变财务观念，更重要的是应明确投资者财务管理的职责，并将其落实到位。经营者财务主要着眼于"日常理财"，如预算编制、财务监督和报表分析等，是为了实现经营目标，对经营过程中的投资、筹资和盈利活动及其体现的财务关系进行的管理。

投资者财务更着眼于"资本管理"，如决策支持、资本运营、资本监管和资本增值的评价等，它是以企业所有权与经营权分离为前提，是所有者为了实现资本报酬最大化，而对其进行资本运营及其体现的财务关系所进行的管理。

二、从职能财务转型为流程财务

传统财务管理的弊端是对上级负责，依靠条文式制度进行财务监控，很少依赖于信息技术，使业务与财务脱节，部门间各自为政，导致流程失控和运营效率低下。

流程管理是对职能管理的变革。它对流程结果和顾客负责，关注流程业绩，通过对流程的控制和优化，借助信息技术，防止舞弊发生，提高经营管理效率。它改变了职能机构重叠、中间层次多、流程不闭环等弊端，使每个流程从头到尾由一个职能机构管理，做到业务不重复、流程周期缩短，从而提高企业运营效率。

三、从财务监督转型为全面风险管控

传统财务管理模式的财务监督是一种对经济业务发生的合法性与合理性的监督。其问题在于缺乏风险管控意识、监督的范围很窄、业务与财务监督脱节、没有建立风险管控机制等。其弊端导致企业出现越来越多的复杂风险。

从财务监督转型为全面风险管控，企业要具有风险防范意识，树立全面、系统和科学的风险管控观念，建立风险管理委员会和风险管理职能部门，借鉴先进的风险控制理论和经验，结合自身实际，建立企业风险管控体系，不断提高企业的全面风险应对能力。

四、从财务分析转型为KPI（关键绩效指标）管理

传统财务分析以财务评价为目的，以财务目标为分析对象，更多地关注财务业绩结果。KPI管理以提高战略绩效和企业价值为目的，以KPI指标为对象，分析KPI的关键驱动因素，更多地关注过程对业绩结果的影响及如何改善经营管理、提升战略业绩、保证资

本增值。

从财务分析转型为 KPI 管理，意味着企业财务管理和战略管理、价值管理和人力资源管理的有机融合，并在此基础上构建全面绩效管理体系。

五、从财务信息系统转型为 ERP 系统

财务信息系统的主要特点是以会计核算为主，具有简单的财务管理职能和账单表格式的数据处理技术，不能适应日趋复杂的企业管理需求。其弊端表现在信息集合程度低，业务与财务脱节，决策支持、资源管理与协同能力差，不能实现远程控制和动态管理等。

ERP 系统在决策支持、资源配置、信息共享、流程管理、远程控制、内外部协同等方面具有显著的优势。从财务信息系统转型为 ERP 系统是一个渐进而复杂的过程，同时又是变革力度大、设计面广的工作，需要企业领导重视、财务部门努力、非财务部门协同配合，从而构建一个全新的、支持企业价值增长的财务管理模式。

◉ 数字化时代财务管理的变革

财务信息工作以手工记账为起点，经历了财务电算化、财务凭证集成、业务财务一体化三个阶段，取得了跨越式的发展。从管结果，到管方向，再到管过程，财务职能为企业战略提供了更多、更好、更快的支撑。

随着机器人技术、大数据、区块链、人工智能、财务 RPA（Robotic Process Automation，机器人流程自动化）、云端等新技术的发展进步，信息技术从过去的记录管控业务发展到现在利用数字化工具为财务管控赋能。数字化如何提升企业的财务管理水平，已成为老板的思考方向，数字化也必将助力企业财务高质量发展。加强系统融合，应用人工智能等新技术推动财务变革，实现管理提升。

数字时代的到来，引发经济领域的颠覆性变革，企业纷纷升起了数字化变革的大旗。

大型集团企业推动财务数字化的动力较强，而企业运营和竞争的核心正是基于强大的数字化财务支撑。技术迭代和大数据已进入更广阔的商业领域，数字化的优势在于打通集团企业的产业链，将企业的财务纳入战略决策层，智能化运营、大数据平台等迅速成为领先集团企业的创新领地。例如，蒙牛集团财务共享服务中心模式、海尔集团业财税一体化智能财务模式、TCL 平台＋生态财资管理模式等。

跳出固定思维模式的解决方案是促进财务变革的关键。企业老板、各级经理人最重要的事情就是寻求符合法规的创新、积极的业绩管理以及数字化转型。财务的转型则是企业数字化转型的第一步。企业老板要把握机遇，推进财务数字化和财务创新变革，使财务价值更多地体现为财务数据的智能化应用、财务管理的人工智能化以及可循环的财务生态系统，真正帮助财务管理者从"以应用为中心"转变为"以数据为中心"，以信息化为基础，利用业财一体化平台，提高财务工作的信息化，夯实信息化基础，方能更好地释放企业数字化潜能。同时，以数字化为手段，利用现有大数据、人工智能、RPA 等数字化技术来提高各类财务工作的效率和质量，让企业的财务工作更实、更真、更好、更稳。

数智时代，业财融合

数智时代的业财融合已成为趋势

在实现财务目标和落实财务制度的过程中，需要花大量时间进行跨部门的沟通，特别是业务与财务的沟通，以便达成共识。人们都寄希望于彼此观念一致、互相配合，顺利完成各自分管的工作。但由于各种原因，业务与财务往往会发生冲突，大幅度降低管理效率。

业财冲突的化解有很多方式，但最理想的是合作。合作可以使双方获得共赢。业务与财务的融合，有助于提高企业财务管理效率、提升企业风险防范能力，有助于财务人员的转型。

而且，到了数智时代，现有的财务运营模式早已无法满足企业多样化的业务需求，尤其是产品类型日趋复杂及跨区域性要求的强化，促使企业财务管理工作面临着转型升级的风险及挑战。同时，企业财务管理工作逐渐由单一的财务核算向业务与财务融合的方向转型，而如何加速两者的转型速度，得到了越来越多从业人员的关注及重视。

业财融合是指以融合管理为前提，在业务部门、财务管理部门之间建立紧密关联的新型企业管理举措。与业务部门、财务管理部门互相独立的企业管理活动相比，业财融合不仅在企业中能起到咨询专家的作用，还能剔除企业管理冗余部分，使企业管理链更为精练，能在遇到问题时及时反应，增强风险预测的有效性，有益于企业稳定发展。

财务部门能够根据企业经营情况合理安排资金收支，提高资金的使用效率，而且业财融合能够让全体员工参与到全面预算的编制和实施中。财务人员能够实时了解企业的业务信息，实现企业的业务流、资金流与信息流的统一，并根据掌握的财务情况对业务进行可行性分析，及时发现业务中不合理的地方，通过与业务部门进行协商，共同找出解决办法以降低企业的财务风险。

此外，业财融合的管理理念有效地将财务管理渗透至业务部门，帮助其了解和掌握财税规章制度及流程，促使他们在日常经营中规避不合理行为，降低经营风险。业财融合的推进有助于财务人员转变思维，向管理会计方向转型。

❖业财融合下的财务转型

很多人认为业财融合就是财务人员深入业务，了解业务实际，了解企业营运状况，为业务提供有效数据支撑，从而创造价值。其实，这仅仅是从财务角度理解的业财融合，这样的业财融合已经不能满足数字化时代企业高速发展的需要。为适应新的商业环境，企业纷纷开始拥抱数字化和智能化，寻求转型升级，对企业的精细化运营提出了更高的要求，也为企业财务转型创造了不可错过的时机。

基于业财融合的财务转型在以下两个方面具有突出的作用：

1.增强管理能力。传统的财务管理手段能帮助企业财务管理人员从经营业务流程中获取相应的财务数据，并且利用原始凭证、财务核算及记账凭证等信息编制相应的财务报表，形成企业财务记录。从上述角度来看，财务数据出现于业务数据之后，财务处理及财务记录仅仅是事后核算企业业务活动的记录，无法将企业的财务职能与业务职能相互分离。而业财融合模式为企业经营业务流程提供了全新的指导思路：一方面，业财融合能强化企业财务部门与业务部门间的合作，明显加快财务转型升级的进程；另一方面，业财融合能协助财务人员深入了解企业的业务经营状况，极大程度上提升企业总体业务经营水平。

2. 规避财务风险。受企业经营活动日渐复杂化的影响，企业所面临的经营管理风险大幅增加，可能促使各种爆发性风险出现于企业经营管理的各个环节，直接影响企业的长远发展。由此可见，切实可行的财务防范监督机制是现代化企业经营活动的主体内容，而有效的业财融合能严格控制、监督企业的生产、销售及采购等环节。同时，业财融合能立足于财务角度看待企业生产经营活动的各个环节及各个流程，帮助企业有效甄别潜在的财务风险，尽量于业务活动实施前期采取相应的预防控制手段。

◉ 老板可考虑的业财融合措施

一、树立融合意识

思维转变是最难的，也是最关键的一部分。为此，在实际管理过程中，相关企业应秉持实事求是的工作原则，以贯彻落实业财融合理念为前提条件，帮助企业职工从根源上认识到业财融合的重要性及必要性。所有管理人员要以身作则，开展广泛宣传教育，重点宣传业财融合的作用。同时，财务人员还应在适宜的情况下跳出财税岗位，从宏观角度通盘考虑业务，运用财税知识做出价值评价，进而提出业财融合的有效方案。业财融合是不可阻挡的主流发展趋势，要将业财融合与企业发展战略相结合，并强化人才队伍建设，搭建健全完善的人才培训机制及人才招聘机制，选拔出经验丰富且实践水平高的财务人员。同时，充分发挥定期岗位培训的作用，大幅提升管理人员的业务水平及综合素质，使其主动转变自身角色，尽快由传统会计核算职能朝着业财融合职能方向转变。

二、建立健全机制

业财融合有序实施不仅需要转变企业员工的思想认知，还需要持续优化的实施环境的支持。因此，在实际管理的过程中，相关企业应秉持具体问题具体分析的工作原则，利用 ERP 等先进信息系统为业财融合提供必要的条件及支持平台，便于管理人员使用信息化系统将财务管理端口向业务端口延伸，满足了解及监控企业经营业务的要求，并立足于不同业务项目提出相应的意见及建议。同时，充分发挥信息化系统的作用，强化各个部门间的联动，避免出现信息孤岛现象，持续优化业财融合流程，将分割静止的经营活动融合成全面综合的业务流程。此外，要将财务管理活动与企业经营业务相互渗透。

三、优化组织结构

通常情况下，企业规模越大，其分工就越细，而财务人员仅仅专注于某项工作，无法组织全流程的财务控制工作。而业财融合能强化信息动态融合程度，通过业务信息的准确度展现企业业务的经营状况，从而提出科学合理的优化方案。因此，在实际管理过程中，相关企业必须持续优化自身组织结构，制定切实可行的岗位轮换制度，突显不同财务人员的个人优势，利用岗位调换机制调动个人内在潜能，为企业注入更多的活力，真正意义上规避企业结构冗杂的情况，大大提高企业结构的灵活性，便于及时采取相应的调整措施。

第十一章
化解财务风险，提高企业免疫力

风险管理是企业的"免疫系统"

面对风险，老板要有底线思维

老板要有底线思维。与战略计划、绩效管理、效益最大化、激励与反馈等注重前瞻性的思维取向不同的是，底线思维注重的是对危机、风险、底线的重视和防范，管理目标上侧重于防范负面因素、堵塞管理漏洞、防止动荡。如果一家企业不注重底线管理，忽视风险防范，一旦出现问题，很可能就是无法独自承担的大问题。

企业的风险无处不在，所以企业要对风险进行管理。不加防范的风险如同隐藏在企业内部的炸弹，随时都可能爆炸，毁掉整个企业。因此，诺贝尔经济学奖获得者罗伯特·莫顿曾说过一句名言："经济中最大的风险是不对风险加以防范。"

企业的发展就如跑步，要想跑得快，一是方向要明确，这属于战略思维的范畴；二是不能走弯路，不能摔跤，这属于底线管理的范畴；三是技术能力要强，这属于绩效管理的范畴；四是基本素质要好，包括有好的体质和体力，这属于人力资源管理的范畴；五是精神状态好，这属于激励与反馈的范畴。在这其中，底线起着基本保障的作用。

同样的道理，在企业管理中，底线思维起着与"最理想境界""效益最大化"相对应的"最低防线""危机最小化"的作用。基于底线思维所进行的底线管理，是企业管理体系中的一个不可或缺的重要环节。底线管理与危机管理既有区别又有关联，两者都注重负面因素和各种变故，但底线管理比危机管理更加积极，更具全局观念，更具可操作性。底线管理的价值取向，一是更加注重人为因素，二是更加注重避免因政策、措施、管理的疏忽等人为因素带来的破坏，三是更加注重人力可以做到的防范措施和系统建设，四是更加注重减少负面影响来促进发展。

运用底线思维应想清楚以下五个问题：一要明白底线是什么，是法律底线、道德底线还是失败的底线等；二要知道底线在哪里，在内部还是外部，在研发过程中还是在成果转化及产业化过程中等；三是超越底线的最大危害是什么，是有生命、健康方面的损害还是法律的惩罚或者道德的谴责等；四是会有哪些因素导致超越底线，是技术因素、管理因素、条件因素还是过强的逐利心等；五是如何有效地远离或规避底线，如调低预期、做好安全保障等。回答好以上五个问题以后，就可以选择一条稳妥的创新路径，在控制风险的前提下寻求利益的最大化，此时的利益才是安全的利益。有了底线思维，遇到突发事件也能镇定自若，沉着应对。

风险管理的财务手段

风险管理的财务手段包括风险的自留、风险的转嫁和风险的对冲。

一、风险的自留

自留风险即自担风险，由企业自行设立基金，自行承担损失发生后的财务后果。运用自留风险方式须具备以下三个条件：

1. 企业的财务能力足以承担由风险可能造成的最坏后果，一旦损失发生，企业有充分的财务准备去弥补财务上的损失，不会使企业的生产活动受到很大影响。

2. 损失额可以直接预测，即风险标的致损及其可能的后果有较高的可预见性。

3. 在风险管理过程中，没有其他更好的处理方式可以选择。也就是说，即使企业有承担自留风险的能力，也未必是一种最好的方式。

二、风险的转嫁

转嫁风险是指企业将其损失有意识地转给与其有相互经济利益关系的另一方承担。在财务结果转嫁方式中，保险是最重要、最常见的形式之一。

转嫁一般有两种途径：

1. 将可能遭受损失的财产转嫁出去，转嫁可能会引发风险及损失的活动。

2. 将风险及其损失的财务结果转嫁出去，而不转移财产本身，在进行风险转嫁的同时必须付出一定的代价。

财产和重大风险活动的转嫁方式可谓多种多样。比如，将贵重物品交给专门机构负责保管，将高风险的生产经营活动外包等，都可以起到转嫁风险的作用。

三、风险的对冲

对冲风险是指利用现代的金融工具、衍生工具等手段来降低风险。顾名思义，衍生工具就是在基本工具上衍生或派生出来的工具。我们把股票、债券、大额存单等叫作金融工具，把期权、期货等叫作金融衍生工具。

在现代企业风险管理中，期货的应用非常广泛。比如，为了保证三个月后石油价格的稳定，石油开采公司可以做石油的空头，把石油按照某个固定的价格卖出去；为了保证几个月后可以通过一个稳定的价格买进石油，炼油厂就可以做石油的多头，把石油按照某个固定的价格买进来。

面对风险，给自己留好出路和活路

著名风险投资家乔治·索罗斯说过："没有风险就不能称之为事业，但重要的是要知道什么地方有风险，给自己留有出路与活路。"在市场经济活动中，企业存在财务风险是难免的，这就需要老板学会识别和规避风险，避免企业受到损失。

但是，我们无法通过风险管理规避企业的全部风险。因为企业风险分两种，一种是不可抗风险，企业只能被动接受，比如发生战争、银行倒闭等；还有一种是企业可以通过建立内部控制体系积极应对、主动解决的风险。

为了应对环境的不确定性，企业的策略和计划必须不断进行调整，主动配置一部分预后资源，以适应环境的变化。企业经营过程中不可预知、不可把握的因素太多了，要保持主动，做到计划有余地、策略有弹性、资源有储备，尽量保持策略弹性。配置预后资源会牺牲一定的发展速度，但对保障企业生存安全、防范化解风险有着重要的意义。

企业应对风险的措施通常有四种：

1. 接受风险。企业认定要接受这样的风险，不打算采取预防措施，等风险发生了再说。

2. 主动应对风险。建立内控制度和流程体系，主动面对风险，不回避。

3. 转嫁风险。企业想做某件事情但是又不想承担风险，于是花钱请别人做这件事情，那么风险也就由此人承担。比如，企业进行避税的时候经常使用"税务风险垃圾桶"，让这个"垃圾桶"成为转嫁风险的对象。还有一种转嫁风险的方法是买保险，一旦出了问题，由保险公司来承担风险。

4.终止风险。当企业不想承担风险但又无法转嫁的时候，就可以选择终止风险，也就是不做这件事情了。比如，购买增值税发票，只要企业停止购买，就是终止了风险。

注重日常"养生"，提高企业"免疫力"

科学的企业风险管理体系可以有效减少企业风险发生带来的损失，也可避免对风险控制过度而失去发展或获利的机会。尤其是初创企业，一切都在摸索过程中，更需要"增强免疫力"，以应对可能到来的风险。老板不仅要聚焦业务和市场，更应关注如何提升组织效率，增强企业抵御重大突发事件的免疫力。

1.要先做全面"体检"。应对挑战，企业必须对自身情况有全面的了解，客观评估困难与机遇，尤其要掌握财务状况。老板要盘点一下自身的"底子"。在这个阶段，老板尤其要理性看待经济形势，强化资金流管理，稳定心态，开源节流，精益管理，这些都是企业增强自身"免疫力"的重要原则。

2.补充多元"维生素"。老板为企业做完全面"体检"后，就要瞄准病灶，积极补充可提高机体免疫力的"维生素"了。一方面，要持续创新，提高产品质量、用户价值和运营效率，提升企业的核心竞争力，如盘点资源、制订业务和财务计划；注意削减成本，减少办公场地，把不赚钱的业务坚决砍掉；全员营销增加收入，开拓、维护好客户及上下游伙伴；优化或调整产品结构或销售模式；多渠道筹资，积极争取补助、银行授信、股权融资等。另一方面，多运用网络工具开展业务；管好现金流，在开源、节流、控费等方面加强管控。同时，注意与客户及潜在客户保持顺畅沟通，耐心打磨产品，提升产品品质。

3. 积极获取"新营养"。企业要积极主动拥抱新技术、应用新技术，快速创新、勇于行动。企业要积极主动谋划，从危机中发现机遇，从机遇中获取"新营养"，通过"新营养"激发新动能。数字经济对传统产业产生了巨大的影响，"无接触商业"、远程医疗、语音／视频会议、线上教育、远程协同办公等生产及消费模式正日益走进企业和百姓生活。技术赋能的应用场景迅速得到强化，传统产业的线上发展将为其带来持续竞争优势。

4. 做好日常"养生"。通过业务流程优化的方式审视内部管理运营，使企业整体的管理效率向有序、高效、体系化的方向转变。从长期发展的角度来看，这可以有效预防重大突发事件的发生并增强企业管理运行的抗风险能力。一方面，做好流程优化，对企业进行全面、无遗漏的流程梳理，形成以业务为主体的流程框架清单；另一方面，完善规章制度体系，从系统性原则和重要性原则出发，根据业务流程框架，建立相应的规章制度体系。

对企业来说，风险其实不过是个催化剂，会淘汰那些"免疫力"低的企业。拥有明确的战略目标、快速的反应机制、高效的执行流程、创造核心价值的员工，才是企业在经历风险考验后恢复元气的关键因素。

财务风险的防范

投资风险的防范

老板进行的每一笔投资或项目投入都存在着风险，不同的投资项目有着不同程度的不确定性和风险性。根据企业自身的实际情况，老板可以采取以下不同的措施对投资风险进行防范：

1.调查和分析投资环境，及时发现并捕捉各种有利的投资机会。这一点是最为必要的。老板的每一项资金投入决定都应该建立在充分调查之上，仔细调查和分析投资环境，及时发现和捕捉各种有利的投资机会，尽量减少投资风险。

2.企业的投资预算必须与企业的战略计划保持一致。如果投资方案与战略计划不一致，会导致投资的错误分配，使实际投资偏离企业的战略计划，造成无谓投资或投资失误。

3.对各种投资风险进行科学预测，并制定出应对措施，防患于未然。否则，投资行为只能算作下赌注，大量资金可能会以老板意想不到的速度迅速消失。

4.科学周密地对投资风险进行可行性分析，使投资决策科学化。而投资决策科学化的关键是，利用先进的分析手段和科学的预测方法，从技术和经济两个方面对投资项目进行可行性研究和论证，通过论证各种投资机会和方案，确保投资决策科学化，防范投资风险。

5.必须让企业的投资预算和企业的资金实力相符合，要将资金产生的能力数量化，根据实际情况来计划和安排现金来源。

6.对投资收益和风险的关系进行认真分析，根据承担风险的能力，谨慎、稳健地选择投资对象，力求避免或降低投资风险。

7.企业进行投资还必须进行严格的控制。因为企业的外部环境和内部条件是不断变化的，所以，一项投资计划也可能会被证明是错误的，或者是不合时宜的，这时控制职能可以为追踪决策提供必要的反馈信息。

8.在投资过程中，投资主体既要考虑投资机会，也要考虑自己的资金实力。只有这样才能更有效地利用机会避免因投资资金不足所带来的种种风险。

9.制定最佳的投资组合，分散投资风险。为了防范投资风险，老板应力求在企业的数量、企业的类别、地区、时间、投资市场等方面选取多种投资，将有限的投资资金进行最佳组合，只有这样，才能达到分散风险、减少损失、获取高收益的目的。

10.协调好与政府、社会团体、咨询机构及保险公司等方面的关系，积极谋求各有关部门在政治、舆论和经济等方面所提供的投资保障，防范投资风险。

❂筹资风险的防范

企业对筹资风险应当有充分的认识并采取必要的防范措施。在筹资过程和日常经营中，应注意以下几个方面：

一、提高负债资金的使用效率

1.把握筹资时机，筹投结合，以"投"定"筹"。正确预测企业未来发展所需的资金总量是筹资风险管理的一个基本前提，如果资金筹集量超过实际需求量，会造成资金的闲置，加大企业的资本成本；反之，企业的发展就会受资金短缺的限制。企业在做筹资决策时，要寻求并把握住与企业内部条件相适应的最佳筹资时机。以

"投"定"筹"，是指筹资必须以投资为依据，即筹资规模必须依投资而定。

2. 针对筹集资金数额、期限、风险，制订出还款计划。企业债务到期，若不能按期足额还本付息，会影响到企业的信誉。信誉好的企业可以举新债还旧债，否则，金融机构或其他企业就不愿再给该企业提供资金，企业再筹资能力就会大大降低。因此，对使用负债资金的项目进行可行性研究时，应该制订出还款计划。

3. 加强对使用负债资金的项目的可行性研究。在投资决策之前，老板应调查研究与拟建项目有关的资料，比较分析可能的建设方案，预测评价项目建成后的经济和社会效益，综合论证项目建设的必要性、财务上的盈利性、经济上的合理性、技术上的先进性和适用性，以及建设条件上的可能性和可行性。

4. 对使用资金情况进行财务监控。老板应结合企业的筹资风险预警机制输送的企业信息，利用监督体系对资金使用情况、项目进度、市场信息等进行监控。根据资金使用项目的预算和计划对比资金实际运用与投放回收情况，调查研究，分析差异，纠正不当使用，根据评价与考核的结果对执行人进行激励。

5. 及时调整筹资计划和还款计划。筹资计划和还款计划不是一成不变的，企业要根据自身发展状况和市场供求、利率等条件及时做出调整和修改，使得筹资计划、还款计划与自身运营和市场外部条件相协调，这样才能使得筹资计划和还款计划符合企业客观条件，也使其与市场条件、利息政策、投资环境等外部因素相适应。

二、综合考虑各种筹资方式的成本和风险选择筹资方式

企业对筹资方式的选择一定要非常慎重。为求保持最优的资金结构状态，企业可以根据自身的实际情况，考虑各种筹资方式可以筹集到的资金的数量、期限、成本、风险以及所需办理手续的繁简程度和审批限制等因素。在充分利用自有资金的前提下，选择吸收直接投资、发行股票、银行借款、商业信用、发行债券、融资租赁等方式。相比来说，发行股票的筹资成本较高而筹资风险较小；长期借款成本较低，筹资速度快、风险较大；发行债券虽然市场大、筹资对象广，但成本高、风险大。

企业在筹资时必须认真权衡风险与报酬，根据当前经营状况和对市场的预测，选择对自身最优的筹资组合。

三、在合理的负债比率下，确立最合适的资本结构

负债比率越高，债权的保障程度越小。一般认为资产负债率保持在50%较合理。筹资决策的关键是确定筹资结构，一方面要考虑现有资本结构，使综合资本成本达到最低；另一方面要与资本结构相匹配，使风险与收益达到最佳平衡。

四、转移化解筹资风险

企业可以通过采取措施将部分或全部财务风险转移给他人承担。转移风险有多种形式，例如，购买保险法、融资租赁法、发行可转换债券等。

五、规避利率、汇率风险

在同样的负债规模下，负债的利息率越高，企业所负担的利息费用支出越多，企业破产的可能性就越大。同时，因为在税息前利润一定的条件下，负债的利息率越高，财务杠杆系数越大，股东收益受影响的程度也就越大。所以，企业在筹资时应研究资本市场的供求，预测利率走势，同时积极采取行动规避利率变动引起的筹资风险。

❀营运资金风险的防范

一、营运资金风险的种类

在企业经营中，营运资金风险主要表现为：

1.购货资金存在的风险。企业在购货中，资金被挪用、侵占现

象较多，加上销售对象资信差、偿债能力弱，会形成长期呆死资金。从企业自身情况来看，对购进环节管理不严，会导致不同程度的跑、冒、滴、漏等资金流失现象。

2. 销售资金存在的风险。从销售收入形成看，由于购销结算方式及客户的资信程度存在差异，既有货款能及时回笼的有效销售，也有货款难以收回的风险销售，后者主要是由赊销交易造成的。这种风险会造成企业可营运的资金减少，停滞坏死的资金增加。

3. 对外投资存在的风险。一些企业的决策者脱离经营的实际情况，在缺少对投资项目科学论证的情况下，主观决策，盲目上马，造成资金减损。

4. 信贷担保存在的风险。企业对信贷担保可能发生的后果、责任认识不充分，对被担保人的财务状况、信誉程度不清楚，往往凭关系实施担保行为。当担保责任实际发生时，就造成了资金风险。

5. 纳税存在的风险。企业法律观念淡薄，纳税意识不强，侥幸心理作祟，盲目避税，造成税务纠纷，引发纳税追索——补税、罚款、滞纳金，给营运资金带来一定的风险。

二、营运资金风险防范措施

老板如何防范资金风险，保证资金高质量、良性循环，是企业生存发展的关键问题之一。做好这项工作，要做到以下几点：

1. 要提高对营运资金风险防范工作的认识。管好用好资金是企业持续经营、稳定生存的需要，也是企业改革发展的需要，它直接关系到员工的切身利益。对此，必须提高认识，采取措施，做好营运资金风险的防范工作。

2. 要千方百计地做好经营工作，扩大营销规模，增加企业积累，以提高抵御资金风险的能力。

3. 要建立组织，健全制度，加强领导，提高政策水平。对重大投资项目，要有分析、论证，由领导班子集体研究、民主决策后实施。要落实组织责任、领导责任，严格规范资金的使用。对资金的投入、运行、回笼实施跟踪决策，全过程管理，坚持购、销业务"钱货两清"的交易原则。

4.要严肃纪律，违章必究。对不按规定权限审批、擅自抽调、挪用资金、提供担保、赊销产品的责任人，要追究其行政和法律责任，并给予其必要的处罚。

并购风险的防范

企业并购相对于其他成长方式而言风险较高，主要是由于买卖双方信息不对称，被并购企业可能有意或无意地隐瞒一些不想让并购企业知道的信息，并购企业也较难通过并购前的调查而完全了解这些信息。为防止并购后产生不必要的麻烦，企业在并购时应对并购风险进行预测和防范。并购中可能出现的风险主要有：

1.营运风险。营运风险就是并购方在完成并购后，可能无法使整个企业集团产生预期的规模经济效应、财务协同效应、扩大市场份额效应和经验共享互补效应，并购形成的新企业因规模过于庞大而影响经济效益的提升，甚至原有效益较好的企业都被新并购进来的企业拖累。

2.信息风险。并购中真实与及时的信息可以大大提高并购企业行动的成功率，但实际并购中因贸然行动而失败的案例也不少。

3.融资风险。企业并购需要大量资金，所以并购决策会同时对企业的资金规模和资金结构产生重大影响。与并购相关的融资风险包括资金是否可以在时间上和数量上保证并购的需要、融资方式是否与短期持有或长期持有的并购动机相适应、现金支付是否会影响企业正常的生产经营等。

4.反并购风险。在一般情况下，被并购企业对并购行为往往持不欢迎和不合作的态度，尤其在面临敌意收购时，被并购企业会采取各种各样的反并购措施，这些措施必然会对并购企业构成相当大的风险。

5. 价值评估风险。在并购实施过程中，并购企业必须对目标企业的价值进行评估。由于企业的价值是由多种因素决定的，因此，对目标企业的价值评估风险也来自不同方面，主要有两方面：一是目标企业财务报告数据不真实，在利益驱使下，目标企业会粉饰财务报表数据，隐瞒内部管理和自身运营的问题；二是财务信息不对称，由于利益驱动，目标企业往往会营造技术优势、研发优势、团队优势及市场优势，或者采取隐瞒等手段，以达到获取更高对价的目的。

可见，并购的风险非常复杂和广泛，并购是一把"双刃剑"，运用得当，企业可以实现业绩增长、规模扩张；反之，则会掉进问题陷阱而无法自拔。因此，企业在并购业务中不仅要充分识别风险、从源头规避风险，还要在过程中防范风险，只有建立起完整的风险预警、监测、评价、控制和防范体系，才能保证并购目标的顺利达成。

企业风险预警和风险控制

◉财务安全评价

总体评价企业财务的安全性能可以从以下几个方面进行：

一、企业的资本结构

评价企业财务结构通常使用下列财务指标：

1. 资产负债率。

$$资产负债率 = （负债总额 / 资产总额）\times 100\%$$

2. 产权比率。

$$产权比率 = （负债总额 / 所有者权益）\times 100\%$$

我们常说举债要适度。当企业的资产负债率、产权比率过高或提高时，其资本结构的稳定性就会减弱，利息负担也会加重，财务风险就会加大；当企业的资产负债率、产权比率低或降低时，其资本结构就会趋于稳定，利息负担也会减轻，财务风险就会下降。

二、企业的偿债能力

在企业承担的债务中，对企业构成直接威胁的是不能按期支付到期的流动负债。所以评价企业的偿债能力主要是评价其偿还流动负债的能力，通常使用下列财务指标：

1. 流动比率。

$$流动比率 = 流动资产 + 流动负债$$

2. 速动比率。

$$速动比率 = 速动资产 / 流动负债$$

其中：速动资产 = 流动资产 – 存货。

3. 已获利息倍数。

$$已获利息倍数 = 息税前利润利息费用$$

其中：息税前利润 = 利润总额 + 利息费用。

一家企业应保持适度的流动比率、速动比率。当流动比率、速动比率提高时，说明企业偿债的能力增强，财务风险减弱；反之，当企业的流动比率、速动比率降低时，说明企业的偿债能力正在减弱，财务风险加大。

已获利息倍数是用来衡量企业以其经营业务获取的利润偿还债务利息能力的财务指标。已获利息倍数高或正在提高，说明企业用利润偿付债务利息的能力强或正在增强；反之，已获利息倍数低或正在降低，说明企业用利润偿付债务利息的能力弱或正在减弱。

4. 或有负债的存在也会对企业的财务安全构成威胁，因此在评价企业的偿债能力时要特别关注或有负债的影响。

三、企业的盈利安全

评价企业盈利安全的财务指标通常使用安全边际率指标。

安全边际率 ＝（本期超过保本点的销售收入／本期实际销售收入）×100%

其中：本期超过保本点的销售收入 ＝本期实际销售收入 – 本期保本点销售收入。

安全边际率越高，说明企业的实际销售收入超过保本的销售收入就越多，企业盈利就越安全；反之，安全边际率越低，说明实际销售收入离保本点的销售收入就越近，企业盈利就越不安全，因为，内部条件和外部环境一旦发生变化，企业就可能会出现亏损。

下面以 B 股份有限公司 2020 年的资料为例，介绍借助企业财务安全评价表评价企业财务安全的基本方法，如表 11–1 所示：

表 11–1　2020 年 B 股份有限公司财务安全评价表

财务指标	本年实际	本年预算	上年实际	行业标准	比　较		
					与预算比	与上年比	与行业标准比
1. 产权结构 （1）资产负债率 （2）产权比率	55.52% 124.8%		54.58% 120.2%	45% 81.8%		上升 上升	超标 超标
2. 偿债能力 （1）流动比率 （2）速动比率 （3）已获利息倍数 （4）或有负债影响	0.65 0.42		0.69 0.48	2 1		降低 降低	未达标 未达标
3. 盈利安全 安全边际率							
备注：该表空白处表示无法获取资料							
结论：上述评价表明，该公司的资产负债率和产权比率均有所上升，且超过行业标准，产权结构的稳定性在减弱，流动比率和速动比率均在下降，且均低于行业标准，说明该企业的偿债能力在下降，企业的财务风险加大。							

读懂企业危机预警信号

企业危机预警信号包括三个方面，即企业财务危机预警信号、企业经营危机预警信号和企业危机的其他预警信号。

一、企业财务危机预警信号

企业发生财务危机的主要预警信号有：

1. 资不抵债。当企业的资产总额小于企业的负债总额时，我们就说该企业已经资不抵债。出现这种情况表明企业事实上已经面临被清偿或重组的危险，资产可能要被折价变卖或价值重估。

2. 营运资金出现负数。企业的流动资产减去企业的流动负债后的差额，被称为企业的营运资金。当企业的营运资金为负数时，表明企业此时难以用流动资产偿还即将到期的流动负债，很可能会被迫采取折价变卖长期资产的方式，以解燃眉之急。

3. 无法偿还到期债务。出现这种情况，企业采取的解决方案可能是债务展期、重整和清算，这些举措会在不同程度上动摇企业持续经营的假设。

4. 无法偿还即将到期且难以展期的借款。出现这种情况，表明企业可能会被贷款人接管，或面临被清算。

5. 过度依赖短期借款。筹资企业过度依赖短期借款，极易出现筹资受阻的情况，进而导致资金周转不灵、难以偿还到期的债务、生产经营难以为继。

6. 主要财务指标恶化。如资产负债率急剧上升，流动比率、速动比率、现金比率等指标急剧下降等，这些指标反映了企业的偿债能力在恶化，说明企业将陷入财务危机。

7. 累积经营性亏损数额巨大。经营性亏损是因企业经营不善所引起的亏损。巨额经营性亏损，将使企业陷入困境，最终会导致企业资不抵债，难以继续经营。

8. 无法继续履行借款合同的有关条款。表明企业的偿付能力恶化，或即将面临诉讼，这些都可能危及企业的正常经营。

9. 存在大额的逾期未付利润。这是企业偿付能力出现问题的迹象。

10. 存在大量且长期未做处理的不良资产。这表明企业资产大量含水，资产和利润均被虚夸。一旦处理这些不良资产，将改变企业的财务状况和经营成果，如果数额巨大将直接危及企业的继续经营。

11. 重要子公司无法持续经营且未做处理。重要的子公司无法继续经营，则母公司对其进行的长期投资可能无法收回，导致公司的资产（长期投资）和利润被虚夸。

12. 供应商不再提供正常的商业信用。这一情况表明企业的偿债能力在恶化，或已面临更大的偿债压力。

13. 难以获得开发必要新产品或进行必要投资所需资金。企业无法获得必需的资金，以开发必要的新产品或进行必要的投资，则企业生产的产品将逐渐被市场淘汰。

14. 显示财务状况恶化的其他迹象。

二、企业经营危机预警信号

1. 关键管理人员离职且无人替代。关键管理人员是指有权力负责计划、指挥和控制企业活动的人员。关键管理人员离职且无人替代，会对企业的经营活动产生重大不利影响。出现这种情形，可能意味着该企业经营面临重大困境，或经营管理政策将出现重大调整。

2. 主导产品不符合国家产业政策。出现这种情况，有可能导致该企业被迫转产，或者做出其他重大经营政策上的调整。

3. 失去主要市场、特许权或主要供应商。企业的主要市场、特许权或主要供应商的丢失，将可能使企业正常的生产经营过程中断。

4. 人力资源或重要原材料短缺。人力资源和重要原材料是生产要素的重要组成部分，如果企业缺乏人力资源或重要原材料，则生产无以维系。

5.未达到预期经营目标。企业未能达到预期经营目标,则投资者可能要求提前解散企业。

6.显示经营情况恶化的其他迹象。

三、企业危机的其他预警信号

1.严重违反有关法律、法规或政策。企业经营上严重违反有关法律、法规或政策,可能会遭受重罚或被勒令停业。

2.存在数额巨大的或有损失,将导致巨额的赔偿。

3.异常原因导致停工、停产。

4.有关法规或国家政策的变化可能造成的重大不利影响。国家有关法规或政策的变化可能直接或间接地导致企业巨额亏损或停业。

5.营业期限即将到期且无意继续经营。这是企业停止经营的直接迹象。

6.投资者未履行协议、合同、章程规定的义务。这将对企业的经营和管理造成重大不利影响。

7.因自然灾害、战争等不可抗力因素遭受严重损失。

8.显示持续经营假设不再合理的其他假设。

构建财务预警系统

近年来,企业因财务危机而导致经营陷入困境的例子屡见不鲜,其原因是多方面的,如企业经营者决策失误、管理失控及外部环境恶化等。因此,财务管理作为企业经营管理的一个重要组成部分,自然也要求建立相应的财务预警系统,以便及早发现企业的财务危机信号。

一、构建财务预警系统的基本原则

1.前瞻性原则。财务预警系统必须具有预测未来的价值,即它应依据企业经营活动中形成的历史数据资料分析预测未来可能发生的情况，并通过对潜在风险的监测，帮助企业采取有效措施加以管理，把风险消灭在萌芽状态。

2. 动态性原则。企业的财务活动是一个动态过程。要在分析过去的基础上，把握未来的发展趋势。动态性还体现在财务预警系统能够根据市场经济的发展而不断地修正、补充和完善。

3. 系统性原则。财务预警系统能发现企业组织内部财务运营的不足与弊端，但其本身无法代替经营者解决财务营运的问题。这就要求企业财务预警系统在发挥职能的过程中，应从全局出发，对企业整体进行监测，对凡是企业可能面临的风险及影响风险的各因素都必须进行全面把握和认真分析，这样才能够全面真实地反映企业的风险程度。

4. 经济性原则。企业在设计财务预警系统时，除了考虑其作用，还应分析其在经济上的合理性，即要求产生预警信息的价值大于产生预警信息的成本，保证该系统的经济性和有效性。

5. 及时性原则。从某种程度上说，及时性是财务预警系统的灵魂。"预警"是一种预报，即在企业的经营情况及财务状况出现恶化或发生险情之前，能够及时发出警报。财务预警报告只有及时发布，才能充分抑制风险损失的发生，保证企业的收益稳定。

6. 实用性原则。财务预警系统最根本的还是要运用于实践，即具有实用性。这要求所设计的财务预警系统应非常直观地反映企业经营活动的潜在危机，要便于系统使用者理解和掌握。实用性还要求所选择的财务预警系统的监测指标应能反映敏感的问题，即预报的信号要明确，判断要简单，不能把指标搞得过于复杂。

二、构建财务预警系统的过程中需要注意的问题

1. 树立风险防范意识是财务预警系统建立并有效运行的前提。企业全体员工特别是管理层，在思想上对潜在的危机要有清醒的认识并保持高度警惕。管理层对员工发现的问题及提出的合理化建议应予以重视和采纳，培养财务人员的风险观念，使对财务风险的控制成为财务人员的自觉行为。

2.财务预警系统设计要遵循成本效益原则。产生预警信息所带来的价值要大于产生预警信息所消耗的成本，这样投资才是经济的、有效的。

3.保持预警系统的先进性和有用性。淘汰不适用的指标，增加更能反映本企业实际问题的新指标。在参考社会平均水平、行业水平、企业特点、产业政策、本企业或同行业历史经验后，制定出适合本单位财务特点的预警指标体系。及时更新信息收集系统，不断扩充和积累有关财务预警所需的基础数据和信息，定期对预警制度、日常风险监测系统和排警对策系统进行修正、完善。

4.构建财务预警系统应和企业各项制度建设结合起来。例如，完善企业的激励机制，将奖惩办法同预警结果结合起来；以现金周转为主的企业，应切实建立现金核算制度，掌握现金收付期间的差异；以赊销、代销为主的企业，应加强企业信用调查制度，强化应收账款的回收控制制度等。

5.充分利用现代化监管手段，发挥计算机的强大功能。开发和应用适合本企业的财务预警管理系统软件，使其具有审核、汇总、预警分析和提供预控对策的功能，并努力实现共享，从而提高企业生产经营可持续发展的科技含量。

综上所述，企业应根据自身的发展需要建立一套集日常风险监测、定期综合预警于一体的财务预警系统，及时发现和管理风险，将财务风险和企业危机扼杀在萌芽状态，促进企业的持续健康发展，从而能够在激烈的竞争中立于不败之地。

第十二章
高效识别财务陷阱

这四种财务陷阱要当心

负债作假

一、虚列其他应付款

可以说，其他应付款是会计报表的"聚宝盆"，因为人们往往用它来隐瞒利润。其他应付款也常常是调节各期收入和利润的"调节器"，当收入多的时候，先在这儿存放一下，以备不景气的年度使用。通常情况下，其他应付款只核算企业应付其他单位或个人的零星款项。这些暂收应付款构成了企业的一项非经常性负债，企业经常发生的应付供应单位的货款在"应付账款"和"应付票据"科目中核算。然而，在日常检查中却发现其他应付款这个科目金额较大，再查明细更是鱼龙混杂，很多不该进的费用都往里填。

二、以长期租赁隐藏负债

承租人往往会设法（有时以放弃一些利益为代价）和出租人缔结租赁协议，比如，将租赁期规定得稍短于准则限定的年限，使得尽管从经济实质上考虑与租赁资产所有权相关的风险和利益已基本转让给承租人，但是承租人仍可作为经营性租赁处理。对承租者来说，租入设备扩大了企业的生产能力，却不增加企业的资产，从而提高了企业的投资报酬率。有些企业喜欢经营租赁，因为这样债务可以不进入资产负债表。此外，企业可以因支付租金而享受税收优惠。但是这种经营租赁的风险比真正的负债风险要大，因此一些企业会隐瞒自己存在的经营租赁交易。

三、无法收回的坏账长期挂账

企业确认坏账时，应将该笔应收账款全部冲销，确认因坏账而发生的损失，作为本期期间费用计入管理费用，在税前抵扣。但是有些企业为了不减少当期利润，即使已经确定某笔账款无法收回，仍然不确定坏账损失，而是长期挂在账上。

另外，根据重要性原则，即使能够使企业确认坏账的事实没有发生，企业有证据判断该笔账款可能无法收回，也应该在报表附注中予以披露。但是，很少有企业会对此进行披露，特别是对数额较大的应收账款。这样一来，一旦坏账真实发生，就会造成公司股票大跌。

四、间接表外负债

间接表外负债是通过企业间负债转嫁或集团内部债务分摊的方式，使得企业表内负债保持在合理限度内的一种表外融资方式。对这种虚假报告，老板一定得擦亮双眼。通常来说，间接表外负债的陷阱有构建秘密的附属公司、债务重组、投资于子公司或附属公司进行债务转移、相互抵押担保融资和合资经营五种。

五、多列工资开支范围

企、事业单位的工资开支都有规定的标准和范围，对允许在税前抵扣的工资有严格的界定，超出范围的工资开支要在税前调整为应纳税所得额。有些企业为了多列成本费用，私自扩大工资开支范围、提高工资标准，将违规多列的工资全部抵税，从而偷逃税款。另外，企业还会伪造职工人数，多计工资总额，偷逃税款。

◎费用推移

一、计收资金占用费用

按规定，企业之间不允许相互拆借资金。但仍有很多企业因募集到的资金没有好的投资项目，就拆借给母公司或其他不纳入合并报表的关联方。实际上，集团公司与股份公司之间的资金往来和拆借现象比比皆是，两者难以严格区别，老板要对其有清醒的认知。

二、虚列成本，转移费用

企、事业单位当期发生的各种费用，大多为付现费用，即在当期要以现金支付。有些单位便虚列费用支出，将资金从企业账目上转移到"小金库"中。比如，有单位采取虚列职工人数、虚报加班工资和调出、减员不删名额等方式多分配工资费用，并按虚列数提取现金，将提取和发放差额存入"小金库"；也有单位通过虚提业务手续费等方法，将资金提取后分到内部各科室进行使用；更有甚者购买假发票来虚列支出。

三、不计、少计或一次性提前计费用

在常人看来，不计提或少计提折旧、利息，不摊销无形资产、递延资产是不允许的。然而在实际工作中，却有为数不少的这种情况。一般来说，提前确认费用的做法在以下三种情况下采用的较多：当期利润水平较高，企业试图平滑各年利润水平，为此，企业预先支付营运费用；基于某种目的（如免受三年连续亏损被摘牌的处罚），加大当年亏损，将以后年度的损失考虑足够，减轻以后年度的费用分担，背离配比原则等公认的会计准则，将历年的损失放在一年里算总账，以使以后年度出现较高的盈利水平；常常发生在企业存在大量非经常性收益期间，此时管理层希望有高额费用与之配比；管理层发生变动时，后任管理层将前期遗留的不良项目做一次性核销，以显示强劲的增长势头。

四、利用并购重组注销费用

并购重组不仅为企业提供了"制造盈利"的机会，更给了舞弊者清洗报表的大好时机。于是，每逢并购重组之际，许多"创造性"的会计手法便纷纷登台亮相。兼并的时候，大笔注销费用可以得到两个好处：第一，把原来的营运成本转移到现期，并且冠以"一次性"的名义；第二，记录费用时建立的准备金将来可以用于夸大盈利数字。有时甚至发现企业管理层为了利润操纵而刻意寻求合作或重组的机会。因此，对投资者和分析人员而言，企业频繁进行并购重组，完全可被视为舞弊发生的显示信号。

五、违规摊销

待摊费用由于受益期较长，因此不应一次全部计入当月产品成本，而应按照费用的受益期限分月摊销。一些企业为了平衡会计年度之间的经济效益，将"待摊费用"账户作为调节成本利润的蓄水池，违规摊销，加大成本，以减少利润，少缴纳所得税。其手段有：缩短待摊费用摊销期限；一些企业利用待摊费用账户，调节企业的产品成本，不按规定的摊销期限、摊销数额转入"制造费用""管理费用"等账户，而是根据产品成本的高低，人为地缩短摊销期，特别是在年终月份，往往将应分期摊销的费用集中摊入产品成本，加大摊销额，截留利润，减少应缴纳的所得税。

六、将营业成本资本化

会计上将支出按受益期的不同分为收益性支出和资本性支出，收益性支出直接进入当期损益，资本性支出形成长期资产，也被称为"资本化"开支。但仅从受益期限来划分资本性支出和收益性支出是不现实的。在实际处理中，一些企业往往利用"待摊费用""递延资产""在建工程"等科目进行调账。比如，把当期的财务费用和管理费用列为递延资产，将应记入当期费用的利息资本化，都可以达到减少当期费用、增加资产价值、虚增利润的目的。

七、利用期间费用"减税"

期间费用包括财务费用、管理费用、营业费用、期间费用税前列支。从表面上看来，罚没损失符合期间费用的定义，但罚没损失作为对企业违规的惩罚，不得在税前列支，所以不得计入期间费用，而应该在税后利润中扣除。但是有些企业还是将罚没损失计入期间费用，这样就抵减了应纳税所得额，对企业的惩罚反而产生了"减税"的作用。

⚙伪造收入

一、提前或延后确认收入

稳步增长的营业收入是一家企业经营良好的表征，也是股价攀升的有力依托。不少财务陷阱案的主角都深谙此理，因此在粉饰财务报告时，拿销售收入"开刀"成为其共同的癖好。历史上，与收入确认有关的花样对投资者来说是最致命的打击。低级水平的虚构收入方式有白条出库、对开发票、阴阳合同、虚开发票等手段，还有一些更高级、更隐蔽的操纵收入方式正在为一些企业所采用。提前或延后确认收入，就是一些企业热衷采用的手法。

二、通过评估增值资产

由于被评估的每一项资产都不相同，各有特点，评估的角度和方法也各不相同，因此会产生不同的评估结果。某些企业正是利用了资产评估中主观因素较多、评估结果不唯一的特点，与评估机构或者评估师串通，故意采用不合理的评估方法和评估程序，将评估结果夸大，从而增加企业资产。这样不但夸大了企业的资产规模，还美化了资产负债率等财务指标。还有一些企业利用评估增值资产后，以评估价值卖给其关联方，从而虚增收入，美化业绩。由此可见，提高从业人员的素质势在必行。

三、虚造子公司利润

人们一般比较关注母公司的经营业绩，以及合并后整个集团的业绩，而对子公司的关注往往不够，子公司信息披露也较少。这给一些不法企业提供了可乘之机，大量虚增子公司的经营业绩，使合并后的会计报表达到利润目标。这种利用子公司虚增利润的欺诈手法往往数额巨大，应当引起老板的高度关注。

四、利用复杂的金融工具虚增销售收入

这种情况十分复杂。例如，出售方提供融资渠道。近年来，为了加速销售额的增长，一些高科技公司开始借贷资金给客户以便他们支付购买产品的费用。情况不严重时，这不失为一个推销手段，但如果滥用这个方法，企业的业务就处于危险境地了。从账面上看，企业的销售额因此而大增，收益上升。可羊毛出在羊身上，经济下滑，市场萎缩，那些中小企业难以为继，借的钱花完了，有的甚至浪费掉了，问题也就暴露出来了。

再如，调整债务造假。当企业缺乏资金进行融资时，把借款记入营业收入是制造虚假利润的主要手段之一。这一手段往往是借助银行及金融机构通过复杂的循环交易实现的。

五、不确认投资损失

企业发生的投资损失应该抵减当期收入。一些企业在明知投资已经发生损失的情况下仍不确认收入，还虚增利润，伪造收入。投资者通常比较关注企业的生产经营情况，而忽视了投资情况。另外，如果被投资企业因为生产经营恶化而导致投资损失，企业不确认入账，投资者也无法仅从账上查出破绽。所以对数额巨大的对外投资，投资者要注意其保值情况。

六、虚构销售收入

虚构收入的一个常见手段就是编造一套故事，企业出售产品给某客户，而实际上该客户并未持有这个产品或支付货款。为了让人们相信这项交易合理合法，企业起草一份正常的销售合同，双方签字，再私下签订一份附属协议，修正正式销售合同的条款，或者通过伪造原始凭证，捏造存货记录、发运记录和发票，虚构交易的真实性、合法性，虚设客户，同客户串通搞假出库、假销售、假挂账等，凭空增加销售收入。

❂截留收入

一、大肆赊销，损公肥私

通常，企业的收入都归企业所有。企业内部的任何个人都无权截留、占有企业的收入。但有些企业内控制度缺失，给了销售人员可乘之机，为了扩大销售数量，大都采用赊销的方式销售货物，使其有机会将企业的收入揣入个人的腰包。这种销售方式给企业带来应收账款无法收回的风险。另外，在企业对应收账款管理不规范的情况下，销售人员将企业产品大量赊销给其他企业，而这些企业往往根本不具备还款能力，销售人员为了从中牟取私利，实际上把企业的产品无偿"转让"给了其他企业。

二、拆后补前，循环入账

根据现金管理规定，销售部门收取货款后要立即上缴财务部门，负责收款的财务人员收到现金后要立即入账，在当天将现金存进企业的银行账户。

收入的现金未制凭证或虽已制凭证但未及时登账，就给出纳员提供了挪用现金的机会。而且，企业在营销的过程中，出于商业目的，财务人员采用循环入账的手法挪用现金，可以在一笔应收账款收到现金后，不及时入账存入银行，而是全部或部分截留予以挪用，待下一笔应收账款收现后，用下一笔应收账款收取的现金补交上次挪用的金额，财务人员继续挪用第二笔应收账款收取的现金……以这种手段不断"拆后补前"，循环入账，从而实现对公款的挪用。

三、私自简化收款手续，截留公款

财务部门的出纳人员在收到现金后，要给付款人开具收据，然后将现金存入银行并取得银行进账单，同时将有关凭证传递给会计人员，最后逐笔登记现金日记账。比如，有的出纳员利用不健全、不完善的内部会计控制系统，签发现金支票取款后，未编制记账凭证，未登记现金日记账、银行存款日记账及有关账户，从而将公款截留，占为己有；有的财务人员收到现金后不给付款人开具发票，然后把收到的款项装入自己腰包；有的企业收款、审核分工不清，全由一人负责，为贪污公款大开方便之门；有的财务人员互相勾结，将收款少入账。

四、开设黑户

有关人员利用职能之便和银行内部管理的漏洞或其他原因，私自开设黑户，并通过与银行工作人员的合谋，将企业收入转存入自己开设的黑户中，从而截留收入。对于开设"黑户"、截留存款的问题，查证人员可将企业的销售收入明细账与产品明细账核对，查证其是否有发出产品而货款长期未收的现象，查证有无假记问题。如发现问题，应与供货方联系，查证款项的去向。

五、侵吞未入账借款

企业的会计人员在进行账务处理时，利用承办借款（现金）事项的职务之便和内部控制上的漏洞，对借入的款项不入账，并销毁借据存根，从而侵吞现金；或者在销售产品收到货款时，往往延迟入账或销毁票据后不入账，将涉及款项私自侵吞，占为己有。

识别财务陷阱的主要步骤

❀全面的企业分析

财务报告陷阱不是一个单纯的会计问题，其有着深刻的企业运作背景。要读懂财务报告，除了要有基本的财务会计知识，还应深入了解企业的经营状况。对企业的基本分析能够使我们站在更高的角度看问题，从而更有效地发现财务报告陷阱。

所谓了解企业的经营状况，不仅包括了解企业自身的经营管理情况、竞争优势和劣势，还包括了解整个国家、区域、行业的竞争对手的情况。企业设置财务报告陷阱必然有其动机，比如，整个行业不景气或新竞争对手的出现等都会使企业的营业额减少、毛利率降低。要想维持企业在市场上的良好形象，或保证自己的薪金不受影响，不少企业管理者往往会通过披露欺诈性财务报告达到目的。

因此，只有对企业整体情况有深入了解之后才有可能抓住企业管理者的心思，发现其潜在的舞弊动机。如果能够恰当地进行企业的基本分析，就可以把握财务报告的总体合理性，从而事半功倍地发现财务报告陷阱。

❀财报陷阱的预兆信号识别

企业在出现财务危机之前，其实早有种种不祥的预兆信号逐渐浮现。财务报告陷阱的预兆信号分析就是对影响企业绩效的各种陷阱环境预兆信号进行分析，找出可能存在的影响财务报表真实性的环境预兆信号和证据，从而判断其存在财务报告陷阱的可能性和严重性。

识别财务报告陷阱，首先，要找到陷阱设置的线索，这主要体现为财务报告的陷阱预兆信号。在财务报告陷阱的分析与识别中，老板要根据信息做出决策，但信息量极大，真假信息难以识别。如何通过不同信号来判断信息的真伪，尤其是在无数信息中找出最关键的信息，是做出正确判断的基础。

其次，要识别企业的财务报告陷阱，从关注企业经营的外部及内部两个方面的环境预兆信号入手，可以掌握分析重点，寻找线索，找出突破口，判断财务资料的可信度，为财务报告分析者提供一些警讯。

对企业外部经营环境分析的内容在企业公开的年度报告中体现得较少，只能通过其他途径了解。企业外部环境信号的变化可能说明企业经营活动及经营结果的变化，它们对未来盈利和风险可能会产生极大的影响。一些直观而且容易获取的外部环境预兆信号可以使我们产生警觉，环境预兆信号连年恶化的企业容易有财务欺诈的动机，而一些与历史或与同业相比过于乐观、增幅过快的环境预兆信号也常隐藏着会计欺诈风险。

财报分析性复核

企业年报的"财务报告"部分主要包括三张财务报表：利润表、资产负债表、现金流量表。阅读财务报表如果不运用分析技巧，不借助分析工具，只是简单地浏览表面数字，那就难以获取有用的信息，有时甚至还会被会计数据引入歧途，被表面假象蒙蔽。那么，如何才能简单有效地识破财务报告陷阱呢？财务报表分析性复核程序就是为适应投资者、分析人员的需要应运而生、不断发展的一种工具。大量研究证实，分析性复核程序是一种应用十分广泛而且颇为有效的分析方法，尤其在发现和检查财务报告陷阱方面作用明显，相当比例的财务报告陷阱的曝光都缘于分析性复核程序中发现的线索，而且，对于大量财务报告陷阱案件，事后看，只要当初实施简单的分析性复核程序就可以察觉舞弊的端倪。

❂关注财报附注

财务报表附注是财务报表的补充，主要对财务报表不能包括的内容，或者披露不详尽的内容做进一步解释说明，以助于财务报告使用者理解和使用会计信息。这就要求在阅读财务报告时，不能仅仅就表读表，绝不可忽视财务报表附注。结合报表附注中关于报表主要项目的详细披露材料，对三张报表进行比较分析，对会计数字的复原大有帮助。

对报表附注的关注有助于理解报表，并帮助验证报表的编制是否与企业的实际政策相符，还可帮助确定重大财务报告陷阱风险的领域，从而制定重点关注的分析领域，发现一些蛛丝马迹。这些需要关注的附注项目有企业关键性会计政策、会计政策的弹性和会计变更、期后事项和或有事项、重点财务报表陷阱项目、资产负债表外交易、非货币性交易、资产重组和控股及购并事件、重大性原则的应用、关联方及其关联交易。

❂超越财务数字

老板要识别财务报告陷阱，必须了解企业的经营活动。如果与经营环境脱钩的话，单纯看财务报表是没有多大意义的。老板要看清报表数字背后的意义。财务分析可以提供企业财务实例和风险程度的相关线索，但是财务分析结果不能作为最终的投资或贷款结论。在看待财务报告数据真实性或财务报表质量上，老板应保持一种理性的态度。

一、会计问题与经营问题

企业公布的财务报告有多种不同类型的信息，投资者应该对各种信息进行组合分析，而不能停留在单项信息或主要财务指标的数值表面上。投资面向未来，因此，财务分析的关键在于判断企业盈利能力的稳定性和增长性。只有其利润能够稳定增长的企业才有投资价值。财务分析不能只停留在数据表面，要透过财务报表数据看到企业的资产质量、经营状况、盈利能力，并准确把握其发展趋势。从根本上看，财务报告综合分析与评价的核心是对企业经营成功与否的判断。只有企业经营出现问题的企业，才有设置财务报告陷阱的动机。

二、财务分析与经营管理能力

传统的财务分析方法忽略了企业经营问题的关键——管理能力，即企业通过管理增值的潜力有多大。

财务报告本质上是一个很表面的结果现象。两家报表数字表现结果都一样的企业，其差别也是存在的，但从财务报告上是看不出来的，需要深入企业的管理层面了解，看企业的客户体系管理、营销管理、财务管理、人力资源管理、预算管理、业务流程、企业战略方面的差别。企业经营透视解释了企业的深层次问题，更深刻地认识和把握了企业的财务状况和经营成果。企业的财务问题最终要在非财务领域解决。

三、财务分析与企业分析

老板必须清楚地认识到财务分析并不是企业分析的全部，特别是财务报表分析具有相当大的局限性，所以不能用财务报表分析来代替企业分析。财务报表分析反映的是企业经营的历史情况，而企业分析主要关注企业的未来发展。

　　财务分析并不能解决企业价值分析的问题。有经验的老板很可能会将较好的企业财报公布之时当成利好出货之时，将较差的财务报告公布之时看成利空进货之时，即公司股票价格的低点之时。

　　总之，财务报告陷阱是企业发展的表象，是有形的；企业经营失败是企业发展的本质，是无形的。有形的表象是由无形的主体决定和制约的。因此，研究财务报告陷阱需要通过表象看本质。